PREFACIO

La colección de guías de conversación para viajar "Todo irá bien" publicada por T&P Books está diseñada para personas que viajan al extranjero para turismo y negocios. Las guías contienen lo más importante - los elementos esenciales para una comunicación básica.Éste es un conjunto de frases imprescindibles para "sobrevivir" mientras está en el extranjero.

Esta guía de conversación le ayudará en la mayoría de los casos donde usted necesite pedir algo, conseguir direcciones, saber cuánto cuesta algo, etc. Puede también resolver situaciones difíciles de la comunicación donde los gestos no pueden ayudar.

Este libro contiene una gran cantidad de frases que han sido agrupadas según los temas más relevantes. Esta edición también incluye un pequeño vocabulario que contiene alrededor de 3.000 de las palabras más frecuentemente usadas.Otra sección de la guía proporciona un glosario gastronómico que le puede ayudar a pedir los alimentos en un restaurante o a comprar comestibles en la tienda.

Llévese la guía de conversación "Todo irá bien" en el camino y tendrá una insustituible compañera de viaje que le ayudará a salir de cualquier situación y le enseñará a no temer hablar con extranjeros.

TABLA DE CONTENIDOS

T&P Books Publishing

Colección de guías de conversación
"¡Todo irá bien!"

T&P Books Publishing

GUÍA DE CONVERSACIÓN
INGLÉS

Andrey Taranov

LAS PALABRAS Y LAS FRASES MÁS ÚTILES

Esta Guía de Conversación
contiene las frases y las
preguntas más comunes
necesitadas para una
comunicación básica
con extranjeros

T&P BOOKS

Guía de conversación + diccionario de 3000 palabras

Guía de conversación Español-Inglés y vocabulario temático de 3000 palabras

por Andrey Taranov

La colección de guías de conversación para viajar "Todo irá bien" publicada por T&P Books está diseñada para personas que viajan al extranjero para turismo y negocios. Las guías contienen lo más importante - los elementos esenciales para una comunicación básica. Éste es un conjunto de frases imprescindibles para "sobrevivir" mientras está en el extranjero.

Este libro también incluye un pequeño vocabulario temático que contiene alrededor de 3.000 de las palabras más frecuentemente usadas. Otra sección de la guía proporciona un glosario gastronómico que le puede ayudar a pedir los alimentos en un restaurante o a comprar comestibles en la tienda.

T&P Books Publishing
www.tpbooks.com

ISBN: 978-1-78492-651-9

Este libro está disponible en formato electrónico o de E-Book también.
Visite www.tpbooks.com o las librerías electrónicas más destacadas en la Red.

PRONUNCIACIÓN

La letra	Ejemplo inglés americano	T&P alfabeto fonético	Ejemplo español

Las vocales

a	age	[eɪ]	béisbol
a	bag	[æ]	vencer
a	car	[ɑ:]	arado
a	care	[eə]	idea
e	meat	[i:]	destino
e	pen	[e]	verano
e	verb	[ʒ]	suelo
e	here	[ɪə]	Aries
i	life	[aj]	paisaje
i	sick	[ɪ]	abismo
i	girl	[ø]	alemán - Hölle
i	fire	[ajə]	callejón
o	rose	[əʊ]	terapeuta
o	shop	[ɒ]	paralelo
o	sport	[ɔ:]	pollo
o	ore	[ɔ:]	pollo
u	to include	[u:]	jugador
u	sun	[ʌ]	¡Basta!
u	church	[ɜ]	suelo
u	pure	[ʊə]	huerta
y	to cry	[aj]	paisaje
y	system	[ɪ]	abismo
y	Lyre	[ajə]	callejón
y	party	[ɪ]	abismo

Las consonantes

b	bar	[b]	en barco
c	city	[s]	salva
c	clay	[k]	charco
d	day	[d]	desierto
f	face	[f]	golf
g	geography	[dʒ]	jazz

La letra	Ejemplo inglés americano	T&P alfabeto fonético	Ejemplo español
g	glue	[g]	jugada
h	home	[h]	registro
j	joke	[ʤ]	jazz
k	king	[k]	charco
l	love	[l]	lira
m	milk	[m]	nombre
n	nose	[n]	número
p	pencil	[p]	precio
q	queen	[k]	charco
r	rose	[r]	era, alfombra
s	sleep	[s]	salva
s	please	[z]	desde
s	pleasure	[ʒ]	adyacente
t	table	[t]	torre
v	velvet	[v]	travieso
w	winter	[w]	acuerdo
x	ox	[ks]	taxi
x	exam	[gz]	inglés - exam
z	azure	[ʒ]	adyacente
z	zebra	[z]	desde

Las combinaciones de letras

ch	China	[ʧ]	mapache
ch	chemistry	[k]	charco
ch	machine	[ʃ]	shopping
sh	ship	[ʃ]	shopping
th	weather	[ð]	alud
th	tooth	[θ]	pinzas
ph	telephone	[f]	golf
ck	black	[k]	charco
ng	ring	[ŋ]	manga
ng	English	[ŋ]	manga
wh	white	[w]	acuerdo
wh	whole	[h]	registro
wr	wrong	[r]	era, alfombra
gh	enough	[f]	golf
gh	sign	[n]	número
kn	knife	[n]	número
qu	question	[kv]	Kuala Lumpur
tch	catch	[ʧ]	mapache
oo+k	book	[ʊ]	pulpo
oo+r	door	[ɔ:]	pollo
ee	tree	[i:]	destino
ou	house	[aʊ]	autobús
ou+r	our	[aʊə]	cacahuete

La letra	Ejemplo inglés americano	T&P alfabeto fonético	Ejemplo español
ay	today	[eɪ]	béisbol
ey	they	[eɪ]	béisbol

LISTA DE ABREVIATURAS

Abreviatura en español

adj	-	adjetivo
adv	-	adverbio
anim.	-	animado
conj	-	conjunción
etc.	-	etcétera
f	-	sustantivo femenino
f pl	-	femenino plural
fam.	-	uso familiar
fem.	-	femenino
form.	-	uso formal
inanim.	-	inanimado
innum.	-	innumerable
m	-	sustantivo masculino
m pl	-	masculino plural
m, f	-	masculino, femenino
masc.	-	masculino
mat	-	matemáticas
mil.	-	militar
num.	-	numerable
p.ej.	-	por ejemplo
pl	-	plural
pron	-	pronombre
sg	-	singular
v aux	-	verbo auxiliar
vi	-	verbo intransitivo
vi, vt	-	verbo intransitivo, verbo transitivo
vr	-	verbo reflexivo
vt	-	verbo transitivo

Abreviatura en inglés americano

v aux	-	verbo auxiliar
vi	-	verbo intransitivo
vi, vt	-	verbo intransitivo, verbo transitivo
vt	-	verbo transitivo

GUÍA DE CONVERSACIÓN INGLÉS

Esta sección contiene frases
importantes que pueden
resultar útiles en varias
situaciones de la vida real.
La Guía le ayudará a pedir
direcciones, aclaración
sobre precio, comprar billetes,
y pedir alimentos en un
restaurante

T&P Books Publishing

CONTENIDO DE LA GUÍA DE CONVERSACIÓN

T&P Books Publishing

Lo más imprescindible

Perdone, ...

Excuse me, ...
[ɪk'skjuːz miː, ...]

Hola.

Hello.
[hə'ləʊ]

Gracias.

Thank you.
[θæŋk ju]

Sí.

Yes.
[jes]

No.

No.
[nəʊ]

No lo sé.

I don't know.
[aɪ dəʊnt nəʊ]

¿Dónde? | ¿A dónde? | ¿Cuándo?

Where? | Where to? | When?
[weə? | weə tuː? | wen?]

Necesito ...

I need ...
[aɪ niːd ...]

Quiero ...

I want ...
[aɪ wɒnt ...]

¿Tiene ...?

Do you have ...?
[də ju hɛv ...?]

¿Hay ... por aquí?

Is there a ... here?
[ɪz ðər ə ... hɪə?]

¿Puedo ...?

May I ...?
[meɪ aɪ ...?]

..., por favor? (petición educada)

..., please
[..., pliːz]

Busco ...

I'm looking for ...
[aɪm 'lʊkɪŋ fə ...]

el servicio

restroom
['restruːm]

un cajero automático

ATM
[eɪtiː'em]

una farmacia

pharmacy, drugstore
['fɑːməsi, 'drʌgstɔː]

el hospital

hospital
['hɒspɪtl]

---

la comisaría

police station
[pə'liːs 'steɪʃn]

el metro

subway
['sʌbweɪ]

---

un taxi	**taxi** ['tæksi]
la estación de tren	**train station** [treɪn 'steɪʃn]

Me llamo ...	**My name is ...** [maɪ 'neɪm ɪz ...]
¿Cómo se llama?	**What's your name?** [wɒts jɔ: 'neɪm?]
¿Puede ayudarme, por favor?	**Could you please help me?** [kəd ju pli:z help mi:?]
Tengo un problema.	**I've got a problem.** [av gɒt ə 'prɒbləm]
Me encuentro mal.	**I don't feel well.** [aɪ dəʊnt fi:l wel]
¡Llame a una ambulancia!	**Call an ambulance!** [kɔ:l ən 'æmbjələns!]
¿Puedo llamar, por favor?	**May I make a call?** [meɪ aɪ 'meɪk ə kɔ:l?]

Lo siento.	**I'm sorry.** [aɪm 'sɒri]
De nada.	**You're welcome.** [juə 'welkəm]

Yo	**I, me** [aɪ, mi]
tú	**you** [ju]
él	**he** [hi]
ella	**she** [ʃi]
ellos	**they** [ðeɪ]
ellas	**they** [ðeɪ]
nosotros /nosotras/	**we** [wi]
ustedes, vosotros	**you** [ju]
usted	**you** [ju]

ENTRADA	**ENTRANCE** ['entrɑ:ns]
SALIDA	**EXIT** ['eksɪt]
FUERA DE SERVICIO	**OUT OF ORDER** [aʊt əv 'ɔ:də]
CERRADO	**CLOSED** [kləʊzd]

ABIERTO

OPEN
['əʊpən]

PARA SEÑORAS

FOR WOMEN
[fə 'wɪmɪn]

PARA CABALLEROS

FOR MEN
[fə men]

Preguntas

¿Dónde?	**Where?** [weə?]
¿A dónde?	**Where to?** [weə tu:?]
¿De dónde?	**Where from?** [weə frɒm?]
¿Por qué?	**Why?** [waɪ?]
¿Con que razón?	**Why?** [waɪ?]
¿Cuándo?	**When?** [wen?]

¿Cuánto tiempo?	**How long?** [haʊ 'lɒŋ?]
¿A qué hora?	**At what time?** [ət wɒt 'taɪm?]
¿Cuánto?	**How much?** [haʊ 'mʌʧ?]
¿Tiene ...?	**Do you have ...?** [də ju hɛv ...?]
¿Dónde está ...?	**Where is ...?** [weə ɪz ...?]

¿Qué hora es?	**What time is it?** [wɒt taɪm ɪz ɪt?]
¿Puedo llamar, por favor?	**May I make a call?** [meɪ aɪ meɪk ə kɔ:l?]
¿Quién es?	**Who's there?** [hu:z ðeə?]
¿Se puede fumar aquí?	**Can I smoke here?** [kən aɪ sməʊk hɪə?]
¿Puedo ...?	**May I ...?** [meɪ aɪ ...?]

Necesidades

Quisiera …	**I'd like …** [aɪd 'laɪk …]
No quiero …	**I don't want …** [aɪ dəʊnt wɒnt …]
Tengo sed.	**I'm thirsty.** [aɪm 'θɜːsti]
Tengo sueño.	**I want to sleep.** [aɪ wɒnt tə sliːp]
Quiero …	**I want …** [aɪ wɒnt …]
lavarme	**to wash up** [tə wɒʃ ʌp]
cepillarme los dientes	**to brush my teeth** [tə brʌʃ maɪ tiːθ]
descansar un momento	**to rest a while** [tə rest ə waɪl]
cambiarme de ropa	**to change my clothes** [tə tʃeɪndʒ maɪ kləʊðz]
volver al hotel	**to go back to the hotel** [tə gəʊ 'bæk tə ðə həʊ'tel]
comprar …	**to buy …** [tə baɪ …]
ir a …	**to go to …** [tə gəʊ tə …]
visitar …	**to visit …** [tə 'vɪzɪt …]
quedar con …	**to meet with …** [tə miːt wɪð …]
hacer una llamada	**to make a call** [tə meɪk ə kɔːl]
Estoy cansado /cansada/.	**I'm tired.** [aɪm 'taɪəd]
Estamos cansados /cansadas/.	**We are tired.** [wi ə 'taɪəd]
Tengo frío.	**I'm cold.** [aɪm kəʊld]
Tengo calor.	**I'm hot.** [aɪm hɒt]
Estoy bien.	**I'm OK.** [aɪm əʊ'keɪ]

Tengo que hacer una llamada.

I need to make a call.
[aɪ niːd tə meɪk ə kɔːl]

Necesito ir al servicio.

I need to go to the restroom.
[aɪ niːd tə ɡəʊ tə ðə 'restruːm]

Me tengo que ir.

I have to go.
[aɪ hɛv tə ɡəʊ]

Me tengo que ir ahora.

I have to go now.
[aɪ hɛv tə ɡəʊ naʊ]

Preguntar por direcciones

Perdone, ...	**Excuse me, ...** [ɪk'skjuːz miː, ...]
¿Dónde está ...?	**Where is ...?** [weə ɪz ...?]
¿Por dónde está ...?	**Which way is ...?** [wɪtʃ weɪ ɪz ...?]
¿Puede ayudarme, por favor?	**Could you help me, please?** [kəd ju help miː, pliːz?]

Busco ...	**I'm looking for ...** [aɪm 'lʊkɪŋ fə ...]
Busco la salida.	**I'm looking for the exit.** [aɪm 'lʊkɪŋ fə ði 'eksɪt]
Voy a ...	**I'm going to ...** [aɪm 'gəʊɪŋ tə ...]
¿Voy bien por aquí para ...?	**Am I going the right way to ...?** [əm aɪ 'gəʊɪŋ ðə raɪt 'weɪ tə ...?]

¿Está lejos?	**Is it far?** [ɪz ɪt fɑː?]
¿Puedo llegar a pie?	**Can I get there on foot?** [kən aɪ get ðər ɒn fʊt?]
¿Puede mostrarme en el mapa?	**Can you show me on the map?** [kən ju ʃəʊ miː ɒn ðə mæp?]
Por favor muestreme dónde estamos.	**Show me where we are right now.** [ʃəʊ miː weə wi ə raɪt naʊ]

Aquí	**Here** [hɪə]
Allí	**There** [ðeə]
Por aquí	**This way** [ðɪs weɪ]

Gire a la derecha.	**Turn right.** [tɜːn raɪt]
Gire a la izquierda.	**Turn left.** [tɜːn left]
la primera (segunda, tercera) calle	**first (second, third) turn** [fɜːst ('sekənd, θɜːd) tɜːn]
a la derecha	**to the right** [tə ðə raɪt]

a la izquierda

Siga recto.

to the left
[tə ðə left]

Go straight.
[gəʊ streɪt]

Carteles

¡BIENVENIDO!	**WELCOME!** ['welkəm!]
ENTRADA	**ENTRANCE** ['entrɑːns]
SALIDA	**EXIT** ['eksɪt]
EMPUJAR	**PUSH** [pʊʃ]
TIRAR	**PULL** [pʊl]
ABIERTO	**OPEN** ['əʊpən]
CERRADO	**CLOSED** [kləʊzd]
PARA SEÑORAS	**FOR WOMEN** [fə 'wɪmɪn]
PARA CABALLEROS	**FOR MEN** [fə men]
CABALLEROS	**MEN, GENTS** [men, dʒents]
SEÑORAS	**WOMEN, LADIES** ['wɪmɪn, 'leɪdɪz]
REBAJAS	**DISCOUNTS** ['dɪskaʊnts]
VENTA	**SALE** [seɪl]
GRATIS	**FREE** [friː]
¡NUEVO!	**NEW!** [njuː!]
ATENCIÓN	**ATTENTION!** [ə'tenʃn!]
COMPLETO	**NO VACANCIES** [nəʊ 'veɪkənsɪz]
RESERVADO	**RESERVED** [rɪ'zɜːvd]
ADMINISTRACIÓN	**ADMINISTRATION** [ədmɪnɪ'streɪʃn]
SÓLO PERSONAL AUTORIZADO	**STAFF ONLY** [stɑːf 'əʊnli]

CUIDADO CON EL PERRO	**BEWARE OF THE DOG!** [bɪ'weər əv ðə dɒg!]
NO FUMAR	**NO SMOKING!** [nəʊ 'sməʊkɪŋ!]
NO TOCAR	**DO NOT TOUCH!** [də nɒt tʌtʃ!]
PELIGROSO	**DANGEROUS** ['deɪndʒərəs]
PELIGRO	**DANGER** ['deɪndʒə]
ALTA TENSIÓN	**HIGH VOLTAGE** [haɪ 'vəʊltɪdʒ]
PROHIBIDO BAÑARSE	**NO SWIMMING!** [nəʊ 'swɪmɪŋ!]
FUERA DE SERVICIO	**OUT OF ORDER** [aʊt əv 'ɔ:də]
INFLAMABLE	**FLAMMABLE** ['flæməbl]
PROHIBIDO	**FORBIDDEN** [fə'bɪdn]
PROHIBIDO EL PASO	**NO TRESPASSING!** [nəʊ 'trespəsɪŋ!]
RECIÉN PINTADO	**WET PAINT** [wet peɪnt]
CERRADO POR RENOVACIÓN	**CLOSED FOR RENOVATIONS** [kləʊzd fə renə'veɪʃnz]
EN OBRAS	**WORKS AHEAD** ['wɜ:ks ə'hed]
DESVÍO	**DETOUR** ['di:tʊə]

Transporte. Frases generales

el avión	**plane** [pleɪn]
el tren	**train** [treɪn]
el bus	**bus** [bʌs]
el ferry	**ferry** ['feri]
el taxi	**taxi** ['tæksi]
el coche	**car** [kɑ:]

el horario	**schedule** ['ʃedju:l]
¿Dónde puedo ver el horario?	**Where can I see the schedule?** [weə kən aɪ si: ðə 'ʃedju:l?]
días laborables	**workdays** ['wɜ:kdeɪz]
fines de semana	**weekends** [wi:k'endz]
días festivos	**holidays** ['hɒlədeɪz]

SALIDA	**DEPARTURE** [dɪ'pɑ:tʃə]
LLEGADA	**ARRIVAL** [ə'raɪvl]
RETRASADO	**DELAYED** [dɪ'leɪd]
CANCELADO	**CANCELED** ['kænsəld]

siguiente (tren, etc.)	**next** [nɛkst]
primero	**first** [fɜ:st]
último	**last** [lɑ:st]

¿Cuándo pasa el siguiente ...?	**When is the next ...?** [wen ɪz ðə nɛkst ...?]
¿Cuándo pasa el primer ...?	**When is the first ...?** [wen ɪz ðə fɜ:st ...?]

¿Cuándo pasa el último …?

When is the last …?
[wen ɪz ðə lɑːst …?]

el trasbordo (cambio de trenes, etc.)

transfer
['trænsfɜː]

hacer un trasbordo

to make a transfer
[tə meɪk ə 'trænsfɜː]

¿Tengo que hacer un trasbordo?

Do I need to make a transfer?
[də aɪ niːd tə meɪk ə 'trænsfɜː?]

Comprar billetes

¿Dónde puedo comprar un billete?	**Where can I buy tickets?** [weə kən aɪ baɪ 'tɪkɪts?]
el billete	**ticket** ['tɪkɪt]
comprar un billete	**to buy a ticket** [tə baɪ ə 'tɪkɪt]
precio del billete	**ticket price** ['tɪkɪt praɪs]

¿Para dónde?	**Where to?** [weə tu:?]
¿A qué estación?	**To what station?** [tə wɒt steɪʃn?]
Necesito ...	**I need ...** [aɪ ni:d ...]
un billete	**one ticket** [wʌn 'tɪkɪt]
dos billetes	**two tickets** [tu: 'tɪkɪts]
tres billetes	**three tickets** [θri: 'tɪkɪts]

sólo ida	**one-way** [wʌn'weɪ]
ida y vuelta	**round-trip** [rɑ:wnd trɪp]
en primera (primera clase)	**first class** [fɜ:st klɑ:s]
en segunda (segunda clase)	**second class** ['sekənd klɑ:s]

hoy	**today** [tə'deɪ]
mañana	**tomorrow** [tə'mɒrəʊ]
pasado mañana	**the day after tomorrow** [ðə deɪ 'ɑ:ftə tə'mɒrəʊ]
por la mañana	**in the morning** [ɪn ðə 'mɔ:nɪŋ]
por la tarde	**in the afternoon** [ɪn ði ɑ:ftə'nu:n]
por la noche	**in the evening** [ɪn ði 'i:vnɪŋ]

asiento de pasillo

aisle seat
[aɪl siːt]

asiento de ventanilla

window seat
['wɪndəʊ siːt]

¿Cuánto cuesta?

How much?
[haʊ mʌtʃ?]

¿Puedo pagar con tarjeta?

Can I pay by credit card?
[kən aɪ peɪ baɪ 'kredɪt kɑːd?]

Autobús

el autobús
bus
[bʌs]

el autobús interurbano
intercity bus
[ɪntə'sɪti bʌs]

la parada de autobús
bus stop
[bʌs stɒp]

¿Dónde está la parada
de autobuses más cercana?
Where's the nearest bus stop?
[weəz ðə 'nɪərɪst bʌs stɒp?]

número
number
['nʌmbə]

¿Qué autobús tengo que tomar para ...?
Which bus do I take to get to ...?
[wɪtʃ bʌs də aɪ teɪk tə get tə ...?]

¿Este autobús va a ...?
Does this bus go to ...?
[dəz ðɪs bʌs gəʊ tə ...?]

¿Cada cuanto pasa el autobús?
How frequent are the buses?
[haʊ frɪ'kwent ə ðə 'bʌsɪz?]

cada 15 minutos
every 15 minutes
['evri fɪf'tiːn 'mɪnɪts]

cada media hora
every half hour
['evri hɑːf 'aʊə]

cada hora
every hour
['evri 'aʊə]

varias veces al día
several times a day
['sevrəl taɪmz ə deɪ]

... veces al día
... times a day
[... taɪmz ə deɪ]

el horario
schedule
['ʃedjuːl]

¿Dónde puedo ver el horario?
Where can I see the schedule?
[weə kən aɪ siː ðə 'ʃedjuːl?]

¿Cuándo pasa el siguiente autobús?
When is the next bus?
[wen ɪz ðə nɛkst bʌs?]

¿Cuándo pasa el primer autobús?
When is the first bus?
[wen ɪz ðə fɜːst bʌs?]

¿Cuándo pasa el último autobús?
When is the last bus?
[wen ɪz ðə lɑːst bʌs?]

la parada
stop
[stɒp]

la siguiente parada
next stop
[nɛkst stɒp]

la última parada

last stop
[lɑːst stɒp]

Pare aquí, por favor.

Stop here, please.
[stɒp hɪə, pliːz]

Perdone, esta es mi parada.

Excuse me, this is my stop.
[ɪk'skjuːz miː, ðɪs ɪz maɪ stɒp]

Tren

el tren	**train** [treɪn]
el tren de cercanías	**suburban train** [sə'bɜ:bən treɪn]
el tren de larga distancia	**long-distance train** ['lɒŋdɪstəns treɪn]
la estación de tren	**train station** [treɪn steɪʃn]
Perdone, ¿dónde está la salida al anden?	**Excuse me, where is the exit to the platform?** [ɪk'skju:z mi:, weə ɪz ði 'eksɪt tə ðə 'plætfɔ:m?]

¿Este tren va a …?	**Does this train go to …?** [dəz ðɪs treɪn gəʊ tə …?]
el siguiente tren	**next train** [nɛkst treɪn]
¿Cuándo pasa el siguiente tren?	**When is the next train?** [wen ɪz ðə nɛkst treɪn?]
¿Dónde puedo ver el horario?	**Where can I see the schedule?** [weə kən aɪ si: ðə 'ʃedju:l?]
¿De qué andén?	**From which platform?** [frəm wɪtʃ 'plætfɔ:m?]
¿Cuándo llega el tren a …?	**When does the train arrive in …?** [wen dəz ðə treɪn ə'raɪv ɪn …?]

Ayudeme, por favor.	**Please help me.** [pli:z help mi:]
Busco mi asiento.	**I'm looking for my seat.** [aɪm 'lʊkɪŋ fə maɪ si:t]
Buscamos nuestros asientos.	**We're looking for our seats.** [wɪə 'lʊkɪŋ fə 'aʊə si:ts]
Mi asiento está ocupado.	**My seat is taken.** [maɪ si:t ɪs 'teɪkən]
Nuestros asientos están ocupados.	**Our seats are taken.** ['aʊə si:ts ə 'teɪkən]

Perdone, pero ese es mi asiento.	**I'm sorry but this is my seat.** [aɪm 'sɒri bət ðɪs ɪz maɪ si:t]
¿Está libre?	**Is this seat taken?** [ɪz ðɪs si:t 'teɪkən?]
¿Puedo sentarme aquí?	**May I sit here?** [meɪ aɪ sɪt hɪə?]

En el tren. Diálogo (Sin billete)

Su billete, por favor.

Ticket, please.
['tɪkɪt, pli:z]

No tengo billete.

I don't have a ticket.
[aɪ dəʊnt hɛv ə 'tɪkɪt]

He perdido mi billete.

I lost my ticket.
[aɪ lɒst maɪ 'tɪkɪt]

He olvidado mi billete en casa.

I forgot my ticket at home.
[aɪ fə'gɒt maɪ 'tɪkɪt ət həʊm]

Le puedo vender un billete.

You can buy a ticket from me.
[ju kən baɪ ə 'tɪkɪt frəm mi:]

También deberá pagar una multa.

You will also have to pay a fine.
[ju wɪl 'ɔ:lsəʊ hɛv tə peɪ ə faɪn]

Vale.

Okay.
[əʊ'keɪ]

¿A dónde va usted?

Where are you going?
[weər ə ju 'gəʊɪŋ?]

Voy a ...

I'm going to ...
[aɪm 'gəʊɪŋ tə ...]

¿Cuánto es? No lo entiendo.

How much? I don't understand.
[haʊ 'mʌtʃ? aɪ dəʊnt ʌndə'stænd]

Escríbalo, por favor.

Write it down, please.
['raɪt ɪt daʊn, pli:z]

Vale. ¿Puedo pagar con tarjeta?

Okay. Can I pay with a credit card?
[əʊ'keɪ. kən aɪ peɪ wɪð ə 'kredɪt kɑ:d?]

Sí, puede.

Yes, you can.
[jes, ju kæn]

Aquí está su recibo.

Here's your receipt.
[hɪəz jɔ: rɪ'si:t]

Disculpe por la multa.

Sorry about the fine.
['sɒri ə'baʊt ðə faɪn]

No pasa nada. Fue culpa mía.

That's okay. It was my fault.
[ðæts əʊ'keɪ. ɪt wəz maɪ fɔ:t]

Disfrute su viaje.

Enjoy your trip.
[ɪn'dʒɔɪ jɔ: trɪp]

Taxi

taxi	**taxi** ['tæksi]
taxista	**taxi driver** ['tæksi 'draɪvə]
coger un taxi	**to catch a taxi** [tə kætʃ ə 'tæksi]
parada de taxis	**taxi stand** ['tæksi stænd]
¿Dónde puedo coger un taxi?	**Where can I get a taxi?** [weə kən aɪ get ə 'tæksi?]
llamar a un taxi	**to call a taxi** [tə kɔːl ə 'tæksi]
Necesito un taxi.	**I need a taxi.** [aɪ niːd ə 'tæksi]
Ahora mismo.	**Right now.** [raɪt naʊ]
¿Cuál es su dirección?	**What is your address (location)?** ['wɒts jɔːr ə'dres (ləʊ'keɪʃn)?]
Mi dirección es ...	**My address is ...** [maɪ ə'dres ɪz ...]
¿Cuál es el destino?	**Your destination?** [jɔː destɪ'neɪʃn?]
Perdone, ...	**Excuse me, ...** [ɪk'skjuːz miː, ...]
¿Está libre?	**Are you available?** [ə ju ə'veɪləbl?]
¿Cuánto cuesta ir a ...?	**How much is it to get to ...?** [haʊ 'mʌtʃ ɪz ɪt tə get tə ...?]
¿Sabe usted dónde está?	**Do you know where it is?** [də ju nəʊ weər ɪt ɪz?]
Al aeropuerto, por favor.	**Airport, please.** ['eəpɔːt, pliːz]
Pare aquí, por favor.	**Stop here, please.** [stɒp hɪə, pliːz]
No es aquí.	**It's not here.** [ɪts nɒt hɪə]
La dirección no es correcta.	**This is the wrong address.** [ðɪs ɪz ðə rɒŋ ə'dres]
Gire a la izquierda.	**Turn left.** [tɜːn left]
Gire a la derecha.	**Turn right.** [tɜːn raɪt]

¿Cuánto le debo?

How much do I owe you?
[hau 'mʌtʃ də aɪ əu ju?]

¿Me da un recibo, por favor?

I'd like a receipt, please.
[aɪd laɪk ə rɪ'si:t, pli:z]

Quédese con el cambio.

Keep the change.
[ki:p ðə tʃeɪndʒ]

Espéreme, por favor.

Would you please wait for me?
[wʊd ju pli:z weɪt fə mi:?]

cinco minutos

five minutes
[faɪv 'mɪnɪts]

diez minutos

ten minutes
[ten 'mɪnɪts]

quince minutos

fifteen minutes
[fɪf'ti:n 'mɪnɪts]

veinte minutos

twenty minutes
['twenti 'mɪnɪts]

media hora

half an hour
[hɑ:f ən 'auə]

Hotel

Hola.	**Hello.** [hə'ləʊ]
Me llamo …	**My name is …** [maɪ neɪm ɪz …]
Tengo una reserva.	**I have a reservation.** [aɪ hɛv ə rezə'veɪʃn]

Necesito …	**I need …** [aɪ ni:d …]
una habitación individual	**a single room** [ə sɪŋgl ru:m]
una habitación doble	**a double room** [ə dʌbl ru:m]
¿Cuánto cuesta?	**How much is that?** [haʊ 'mʌtʃ ɪz ðæt?]
Es un poco caro.	**That's a bit expensive.** [ðæts ə bɪt ɪk'spensɪv]

¿Tiene alguna más?	**Do you have anything else?** [du ju: hæv 'enɪθɪŋ els?]
Me quedo.	**I'll take it.** [aɪl teɪk ɪt]
Pagaré en efectivo.	**I'll pay in cash.** [aɪl peɪ ɪn kæʃ]

Tengo un problema.	**I've got a problem.** [aɪv gɒt ə 'prɒbləm]
Mi … no funciona.	**My … is broken.** [maɪ … ɪz 'brəʊkən]
Mi … está fuera de servicio.	**My … is out of order.** [maɪ … ɪz aʊt əv 'ɔ:də]
televisión	**TV** [ti:'vi:]
aire acondicionado	**air conditioner** [eə kən'dɪʃənə]
grifo	**tap** [tæp]

ducha	**shower** ['ʃaʊə]
lavabo	**sink** [sɪŋk]
caja fuerte	**safe** [seɪf]

cerradura	**door lock** [dɔː lɒk]
enchufe	**electrical outlet** [ɪ'lektrɪkl 'aʊtlet]
secador de pelo	**hairdryer** ['heədraɪə]

No tengo ...	**I don't have ...** [aɪ 'dəʊnt hɛv ...]
agua	**water** ['wɔːtə]
luz	**light** [laɪt]
electricidad	**electricity** [ɪlek'trɪsɪti]

¿Me puede dar ...?	**Can you give me ...?** [kən ju gɪv miː ...?]
una toalla	**a towel** [ə 'taʊəl]
una sábana	**a blanket** [ə 'blæŋkɪt]
unas chanclas	**slippers** ['slɪpəz]
un albornoz	**a robe** [ə rəʊb]
un champú	**shampoo** [ʃæm'puː]
jabón	**soap** [səʊp]

Quisiera cambiar de habitación.	**I'd like to change rooms.** [aɪd laɪk tə tʃeɪndʒ ruːmz]
No puedo encontrar mi llave.	**I can't find my key.** [aɪ kɑːnt faɪnd maɪ kiː]
Por favor abra mi habitación.	**Could you open my room, please?** [kəd ju 'əʊpən maɪ ruːm, pliːz?]
¿Quién es?	**Who's there?** [huːz ðeə?]
¡Entre!	**Come in!** [kʌm 'ɪn!]
¡Un momento!	**Just a minute!** [dʒəst ə 'mɪnɪt!]
Ahora no, por favor.	**Not right now, please.** [nɒt raɪt naʊ, pliːz]

Venga a mi habitación, por favor.	**Come to my room, please.** [kʌm tə maɪ ruːm, pliːz]
Quisiera hacer un pedido.	**I'd like to order food service.** [aɪd laɪk tu 'ɔːdə fuːd 'sɜːvɪs]
Mi número de habitación es ...	**My room number is ...** [maɪ ruːm 'nʌmbə iz ...]

Me voy …	**I'm leaving …** [aɪm 'liːvɪŋ …]
Nos vamos …	**We're leaving …** [wɪə 'liːvɪŋ …]
Ahora mismo	**right now** [raɪt naʊ]
esta tarde	**this afternoon** [ðɪs ɑːftə'nuːn]
esta noche	**tonight** [tə'naɪt]
mañana	**tomorrow** [tə'mɒrəʊ]
mañana por la mañana	**tomorrow morning** [tə'mɒrəʊ 'mɔːnɪŋ]
mañana por la noche	**tomorrow evening** [tə'mɒrəʊ 'iːvnɪŋ]
pasado mañana	**the day after tomorrow** [ðə deɪ 'ɑːftə tə'mɒrəʊ]

Quisiera pagar la cuenta.	**I'd like to pay.** [aɪd 'laɪk tə peɪ]
Todo ha estado estupendo.	**Everything was wonderful.** ['evrɪθɪŋ wəz 'wʌndəfəl]
¿Dónde puedo coger un taxi?	**Where can I get a taxi?** [weə kən aɪ get ə 'tæksi?]
¿Puede llamarme un taxi, por favor?	**Would you call a taxi for me, please?** [wʊd ju kɔːl ə 'tæksi fə miː, pliːz?]

Restaurante

¿Puedo ver el menú, por favor?	**Can I look at the menu, please?** [kən aɪ lʊk ət ðə 'menju:, pli:z?]
Mesa para uno.	**Table for one.** ['teɪbl fə wʌn]
Somos dos (tres, cuatro).	**There are two (three, four) of us.** [ðər ə tu: (θri:, fɔ:r) əv'ʌs]

Para fumadores	**Smoking** ['sməʊkɪŋ]
Para no fumadores	**No smoking** [nəʊ 'sməʊkɪŋ]
¡Por favor! (llamar al camarero)	**Excuse me!** [ɪk'skju:z mi:!]
la carta	**menu** ['menju:]
la carta de vinos	**wine list** [waɪn lɪst]
La carta, por favor.	**The menu, please.** [ðə 'menju:, pli:z]

¿Está listo para pedir?	**Are you ready to order?** [ə ju 'redi tu 'ɔ:də?]
¿Qué quieren pedir?	**What will you have?** [wɒt wɪl ju hæv?]
Yo quiero …	**I'll have …** [aɪl hɛv …]

Soy vegetariano.	**I'm a vegetarian.** [aɪm ə vedʒɪ'teərɪən]
carne	**meat** [mi:t]
pescado	**fish** [fɪʃ]
verduras	**vegetables** ['vedʒɪtəblz]
¿Tiene platos para vegetarianos?	**Do you have vegetarian dishes?** [də ju hɛv vedʒɪ'teərɪən 'dɪʃɪz?]
No como cerdo.	**I don't eat pork.** [aɪ dəʊnt i:t pɔ:k]
Él /Ella/ no come carne.	**He /she/ doesn't eat meat.** [hi /ʃi/ 'dʌznt i:t mi:t]
Soy alérgico a …	**I am allergic to …** [aɪ əm ə'lɜ:dʒɪk tə …]

¿Me puede traer ..., por favor?

Would you please bring me ...
[wʊd ju pliːz brɪŋ miː ...]

sal | pimienta | azúcar

salt | pepper | sugar
[sɔːlt | 'pepə | 'ʃʊgə]

café | té | postre

coffee | tea | dessert
['kɒfi | tiː | dɪ'zɜːt]

agua | con gas | sin gas

water | sparkling | plain
['wɔːtə | 'spɑːklɪŋ | pleɪn]

una cuchara | un tenedor | un cuchillo

spoon | fork | knife
[spuːn | fɔːk | naɪf]

un plato | una servilleta

plate | napkin
[pleɪt | 'næpkɪn]

¡Buen provecho!

Enjoy your meal!
[ɪn'dʒɔɪ jɔː miːl!]

Uno más, por favor.

One more, please.
[wʌn mɔː, pliːz]

Estaba delicioso.

It was very delicious.
[ɪt wəz 'veri dɪ'lɪʃəs]

---

la cuenta | el cambio | la propina

check | change | tip
[tʃek | tʃeɪndʒ | tɪp]

La cuenta, por favor.

Check, please.
[tʃek, pliːz]

¿Puedo pagar con tarjeta?

Can I pay by credit card?
[kən aɪ peɪ baɪ 'kredɪt kɑːd?]

Perdone, aquí hay un error.

I'm sorry, there's a mistake here.
[aɪm 'sɒri, ðeəz ə mɪ'steɪk hɪə]

De Compras

¿Puedo ayudarle?	**Can I help you?** [kən aɪ help ju?]
¿Tiene ...?	**Do you have ...?** [də ju hɛv ...?]
Busco ...	**I'm looking for ...** [aɪm 'lʊkɪŋ fə ...]
Necesito ...	**I need ...** [aɪ niːd ...]

Sólo estoy mirando.	**I'm just looking.** [aɪm dʒəst 'lʊkɪŋ]
Sólo estamos mirando.	**We're just looking.** [wɪə dʒəst 'lʊkɪŋ]
Volveré más tarde.	**I'll come back later.** [aɪl kʌm bæk 'leɪtə]
Volveremos más tarde.	**We'll come back later.** [wil kʌm bæk 'leɪtə]
descuentos | oferta	**discounts | sale** [dɪs'kaʊnts | seɪl]

Por favor, enséñeme ...	**Would you please show me ...** [wʊd ju pliːz ʃəʊ miː ...]
¿Me puede dar ..., por favor?	**Would you please give me ...** [wʊd ju pliːz gɪv miː ...]
¿Puedo probármelo?	**Can I try it on?** [kən aɪ traɪ ɪt ɒn?]
Perdone, ¿dónde están los probadores?	**Excuse me, where's the fitting room?** [ɪk'skjuːz miː, weəz ðə 'fɪtɪŋ ruːm?]
¿Qué color le gustaría?	**Which color would you like?** [wɪtʃ 'kʌlər wʊd ju 'laɪk?]
la talla | el largo	**size | length** [saɪz | leŋθ]
¿Cómo le queda? (¿Está bien?)	**How does it fit?** [haʊ dəz ɪt fɪt?]

¿Cuánto cuesta esto?	**How much is it?** [haʊ 'mʌtʃ ɪz ɪt?]
Es muy caro.	**That's too expensive.** [ðæts tuː ɪk'spensɪv]
Me lo llevo.	**I'll take it.** [aɪl teɪk ɪt]
Perdone, ¿dónde está la caja?	**Excuse me, where do I pay?** [ɪk'skjuːz miː, weə də aɪ peɪ?]

¿Pagará en efectivo o con tarjeta?

Will you pay in cash or credit card?
[wɪl ju peɪ ɪn kæʃ ɔ: 'kredɪt kɑ:d?]

en efectivo | con tarjeta

In cash | with credit card
[ɪn kæʃ | wɪð 'kredɪt kɑ:d]

¿Quiere el recibo?

Do you want the receipt?
[də ju wɒnt ðə rɪ'si:t?]

Sí, por favor.

Yes, please.
[jes, pli:z]

No, gracias.

No, it's OK.
[nəʊ, ɪts əʊ'keɪ]

Gracias. ¡Que tenga un buen día!

Thank you. Have a nice day!
[θæŋk ju. hɛv ə naɪs deɪ!]

En la ciudad

Perdone, por favor.	**Excuse me, please.** [ɪk'skjuːz miː, pliːz]
Busco …	**I'm looking for …** [aɪm 'lʊkɪŋ fə …]
el metro	**the subway** [ðə 'sʌbweɪ]
mi hotel	**my hotel** [maɪ həʊ'tel]

el cine	**the movie theater** [ðə 'muːvi 'θiːətə]
una parada de taxis	**a taxi stand** [ə 'tæksi stænd]
un cajero automático	**an ATM** [ən eɪtiːˈem]
una oficina de cambio	**a foreign exchange office** [ə 'fɒrən ɪk'stʃeɪndʒ 'ɒfɪs]

un cibercafé	**an internet café** [ən 'ɪntənet 'kæfeɪ]
la calle …	**… street** [… striːt]
este lugar	**this place** [ðɪs 'pleɪs]

¿Sabe usted dónde está …?	**Do you know where … is?** [də ju nəʊ weə … ɪz?]
¿Cómo se llama esta calle?	**Which street is this?** [wɪtʃ striːt ɪs ðɪs?]
Muestreme dónde estamos ahora.	**Show me where we are right now.** [ʃəʊ miː weə wi ə raɪt naʊ]
¿Puedo llegar a pie?	**Can I get there on foot?** [kən aɪ get ðər ɒn fʊt?]
¿Tiene un mapa de la ciudad?	**Do you have a map of the city?** [də ju hɛv ə mæp əv ðə 'sɪti?]

¿Cuánto cuesta la entrada?	**How much is a ticket to get in?** [haʊ 'mʌtʃ ɪz ə 'tɪkɪt tə get ɪn?]
¿Se pueden hacer fotos aquí?	**Can I take pictures here?** [kən aɪ teɪk 'pɪktʃəz hɪə?]
¿Está abierto?	**Are you open?** [ə ju 'əʊpən?]

¿A qué hora abren?

When do you open?
[wen də ju 'əʊpən?]

¿A qué hora cierran?

When do you close?
[wen də ju kləʊz?]

Dinero

dinero	**money** ['mʌni]
efectivo	**cash** [kæʃ]
billetes	**paper money** ['peɪpə 'mʌni]
monedas	**loose change** [luːs tʃeɪndʒ]
la cuenta | el cambio | la propina	**check | change | tip** [tʃek | tʃeɪndʒ | tɪp]
la tarjeta de crédito	**credit card** ['kredɪt kɑːd]
la cartera	**wallet** ['wɒlɪt]
comprar	**to buy** [tə baɪ]
pagar	**to pay** [tə peɪ]
la multa	**fine** [faɪn]
gratis	**free** [friː]
¿Dónde puedo comprar …?	**Where can I buy …?** [weə kən aɪ baɪ …?]
¿Está el banco abierto ahora?	**Is the bank open now?** [ɪz ðə bæŋk 'əupən naʊ?]
¿A qué hora abre?	**When does it open?** [wen dəz ɪt 'əupən?]
¿A qué hora cierra?	**When does it close?** [wen dəz ɪt kləʊz?]
¿Cuánto cuesta?	**How much?** [haʊ 'mʌtʃ?]
¿Cuánto cuesta esto?	**How much is this?** [haʊ 'mʌtʃ ɪz ðɪs?]
Es muy caro.	**That's too expensive.** [ðæts tuː ɪk'spensɪv]
Perdone, ¿dónde está la caja?	**Excuse me, where do I pay?** [ɪk'skjuːz miː, weə də aɪ peɪ?]
La cuenta, por favor.	**Check, please.** [tʃek, pliːz]

¿Puedo pagar con tarjeta?

Can I pay by credit card?
[kən aɪ peɪ baɪ 'kredɪt kɑːd?]

¿Hay un cajero por aquí?

Is there an ATM here?
[ɪz ðər ən eɪtiː'em hɪə?]

Busco un cajero automático.

I'm looking for an ATM.
[aɪm 'lʊkɪŋ fər ən eɪtiː'em]

Busco una oficina de cambio.

I'm looking for a foreign exchange office.
[aɪm 'lʊkɪŋ fər ə 'forən ɪk'stʃeɪndʒ 'ɒfɪs]

Quisiera cambiar ...

I'd like to change ...
[aɪd laɪk tə tʃeɪndʒ ...]

¿Cuál es el tipo de cambio?

What is the exchange rate?
[wɒts ði ɪk'stʃeɪndʒ reɪt?]

¿Necesita mi pasaporte?

Do you need my passport?
[də ju niːd maɪ 'pɑːspɔːt?]

Tiempo

¿Qué hora es?	**What time is it?** [wɒt taɪm ɪz ɪt?]
¿Cuándo?	**When?** [wen?]
¿A qué hora?	**At what time?** [ət wɒt taɪm?]
ahora | luego | después de …	**now | later | after …** [naʊ | 'leɪtə | 'ɑːftə …]
la una	**one o'clock** [wʌn ə'klɒk]
la una y cuarto	**one fifteen** [wʌn fɪf'tiːn]
la una y medio	**one thirty** [wʌn 'θɜːti]
las dos menos cuarto	**one forty-five** [wʌn 'fɔːti faɪv]
una | dos | tres	**one | two | three** [wʌn | tuː | θriː]
cuatro | cinco | seis	**four | five | six** [fɔː | faɪv | sɪks]
siete | ocho | nueve	**seven | eight | nine** [sevn | eɪt | naɪn]
diez | once | doce	**ten | eleven | twelve** [ten | ɪ'levn | twelv]
en …	**in …** [ɪn …]
cinco minutos	**five minutes** [faɪv 'mɪnɪts]
diez minutos	**ten minutes** [ten 'mɪnɪts]
quince minutos	**fifteen minutes** [fɪf'tiːn 'mɪnɪts]
veinte minutos	**twenty minutes** ['twenti 'mɪnɪts]
media hora	**half an hour** [hɑːf ən 'aʊə]
una hora	**an hour** [ən 'aʊə]
por la mañana	**in the morning** [ɪn ðə 'mɔːnɪŋ]

por la mañana temprano	**early in the morning** ['ɜːli ɪn ðə 'mɔːnɪŋ]
esta mañana	**this morning** [ðɪs 'mɔːnɪŋ]
mañana por la mañana	**tomorrow morning** [tə'mɒrəʊ 'mɔːnɪŋ]
al mediodía	**at noon** [ət nuːn]
por la tarde	**in the afternoon** [ɪn ði ɑːftə'nuːn]
por la noche	**in the evening** [ɪn ði 'iːvnɪŋ]
esta noche	**tonight** [tə'naɪt]
por la noche	**at night** [ət naɪt]
ayer	**yesterday** ['jestədi]
hoy	**today** [tə'deɪ]
mañana	**tomorrow** [tə'mɒrəʊ]
pasado mañana	**the day after tomorrow** [ðə deɪ 'ɑːftə tə'mɒrəʊ]
¿Qué día es hoy?	**What day is it today?** [wɒt deɪ ɪz ɪt tə'deɪ?]
Es ...	**It's ...** [ɪts ...]
lunes	**Monday** ['mʌndɪ]
martes	**Tuesday** ['tjuːzdi]
miércoles	**Wednesday** ['wenzdɪ]
jueves	**Thursday** ['θɜːzdɪ]
viernes	**Friday** ['fraɪdɪ]
sábado	**Saturday** ['sætədɪ]
domingo	**Sunday** ['sʌndɪ]

Saludos. Presentaciones.

Hola.	**Hello.** [hə'ləʊ]
Encantado /Encantada/ de conocerle.	**Pleased to meet you.** [pliːzd tə miːt ju]
Yo también.	**Me too.** [miː tuː]
Le presento a …	**I'd like you to meet …** [aɪd laɪk ju tə miːt …]
Encantado.	**Nice to meet you.** [naɪs tə miːt ju]

¿Cómo está?	**How are you?** [haʊ ə ju?]
Me llamo …	**My name is …** [maɪ neɪm ɪz …]
Se llama …	**His name is …** [hɪz neɪm ɪz …]
Se llama …	**Her name is …** [hə neɪm ɪz …]
¿Cómo se llama (usted)?	**What's your name?** [wɒts jɔː neɪm?]
¿Cómo se llama (él)?	**What's his name?** [wɒts ɪz neɪm?]
¿Cómo se llama (ella)?	**What's her name?** [wɒts hə neɪm?]

¿Cuál es su apellido?	**What's your last name?** [wɒts jɔː lɑːst neɪm?]
Puede llamarme …	**You can call me …** [ju kən kɔːl miː …]
¿De dónde es usted?	**Where are you from?** [weər ə ju frɒm?]
Yo soy de ….	**I'm from …** [aɪm frəm …]
¿A qué se dedica?	**What do you do for a living?** [wɒt də ju də fər ə 'lɪvɪŋ?]
¿Quién es?	**Who is this?** [huː ɪz ðɪs?]
¿Quién es él?	**Who is he?** [huː ɪz hi?]
¿Quién es ella?	**Who is she?** [huː ɪz ʃi?]
¿Quiénes son?	**Who are they?** [huː ə ðeɪ?]

Este es ...	**This is ...** [ðɪs ɪz ...]
mi amigo	**my friend** [maɪ frend]
mi amiga	**my friend** [maɪ frend]
mi marido	**my husband** [maɪ 'hʌzbənd]
mi mujer	**my wife** [maɪ waɪf]
mi padre	**my father** [maɪ 'fɑːðə]
mi madre	**my mother** [maɪ 'mʌðə]
mi hermano	**my brother** [maɪ 'brʌðə]
mi hermana	**my sister** [maɪ 'sɪstə]
mi hijo	**my son** [maɪ sʌn]
mi hija	**my daughter** [maɪ 'dɔːtə]
Este es nuestro hijo.	**This is our son.** [ðɪs ɪz 'aʊə sʌn]
Esta es nuestra hija.	**This is our daughter.** [ðɪs ɪz 'aʊə 'dɔːtə]
Estos son mis hijos.	**These are my children.** [ðiːz ə maɪ 'tʃɪldrən]
Estos son nuestros hijos.	**These are our children.** [ðiːz ə 'aʊə 'tʃɪldrən]

Despedidas

¡Adiós!	**Good bye!** [gʊd baɪ!]
¡Chau!	**Bye!** [baɪ!]
Hasta mañana.	**See you tomorrow.** [si: ju tə'mɒrəʊ]
Hasta pronto.	**See you soon.** [si: ju su:n]
Te veo a las siete.	**See you at seven.** [si: ju ət sevn]

¡Que se diviertan!	**Have fun!** [hɛv fʌn!]
Hablamos más tarde.	**Talk to you later.** [tɔ:k tə ju 'leɪtə]
Que tengas un buen fin de semana.	**Have a nice weekend.** [hɛv ə naɪs wi:k'end]
Buenas noches.	**Good night.** [gʊd naɪt]

Es hora de irme.	**It's time for me to go.** [ɪts taɪm fə mi: tə gəʊ]
Tengo que irme.	**I have to go.** [aɪ hɛv tə gəʊ]
Ahora vuelvo.	**I will be right back.** [aɪ wɪl bi raɪt bæk]

Es tarde.	**It's late.** [ɪts leɪt]
Tengo que levantarme temprano.	**I have to get up early.** [aɪ hɛv tə get 'ʌp 'ɜ:li]
Me voy mañana.	**I'm leaving tomorrow.** [aɪm 'li:vɪŋ tə'mɒrəʊ]
Nos vamos mañana.	**We're leaving tomorrow.** [wɪə 'li:vɪŋ tə'mɒrəʊ]

¡Que tenga un buen viaje!	**Have a nice trip!** [hɛv ə naɪs trɪp!]
Ha sido un placer.	**It was nice meeting you.** [ɪt wəz naɪs 'mi:tɪŋ ju]
Fue un placer hablar con usted.	**It was nice talking to you.** [ɪt wəz naɪs 'tɔ:kɪŋ tə ju]
Gracias por todo.	**Thanks for everything.** [θæŋks fər 'evrɪθɪŋ]

Lo he pasado muy bien.

I had a very good time.
[aɪ həd ə 'veri gʊd taɪm]

Lo pasamos muy bien.

We had a very good time.
[wi həd ə 'veri gʊd taɪm]

Fue genial.

It was really great.
[ɪt wəz 'rɪəli greɪt]

Le voy a echar de menos.

I'm going to miss you.
[aɪm 'gəʊɪŋ tə mɪs ju]

Le vamos a echar de menos.

We're going to miss you.
[wɪə 'gəʊɪŋ tə mɪs ju]

¡Suerte!

Good luck!
[gʊd lʌk!]

Saludos a …

Say hi to …
[seɪ haɪ tə …]

Idioma extranjero

No entiendo.	**I don't understand.** [aɪ dəʊnt ʌndə'stænd]
Escríbalo, por favor.	**Write it down, please.** [raɪt ɪt daʊn, pliːz]
¿Habla usted ...?	**Do you speak ...?** [də ju spiːk ...?]

Hablo un poco de ...	**I speak a little bit of ...** [aɪ spiːk ə lɪtl bɪt əv ...]
inglés	**English** ['ɪŋglɪʃ]
turco	**Turkish** ['tɜːkɪʃ]
árabe	**Arabic** ['ærəbɪk]
francés	**French** [frentʃ]

alemán	**German** ['dʒɜːmən]
italiano	**Italian** [ɪ'tæljən]
español	**Spanish** ['spænɪʃ]
portugués	**Portuguese** [pɔːtʃʊ'giːz]
chino	**Chinese** [tʃaɪ'niːz]
japonés	**Japanese** [dʒæpə'niːz]

¿Puede repetirlo, por favor?	**Can you repeat that, please.** [kən ju rɪ'piːt ðæt, pliːz]
Lo entiendo.	**I understand.** [aɪ ʌndə'stænd]
No entiendo.	**I don't understand.** [aɪ dəʊnt ʌndə'stænd]
Hable más despacio, por favor.	**Please speak more slowly.** [pliːz spiːk mɔː 'sləʊli]

¿Está bien?	**Is that correct?** [ɪz ðət kə'rekt?]
¿Qué es esto? (¿Que significa esto?)	**What is this?** [wɒts ðɪs?]

Disculpas

Perdone, por favor.
Excuse me, please.
[ɪk'skjuːz miː, pliːz]

Lo siento.
I'm sorry.
[aɪm 'sɒri]

Lo siento mucho.
I'm really sorry.
[aɪm 'rɪəli 'sɒri]

Perdón, fue culpa mía.
Sorry, it's my fault.
['sɒri, ɪts maɪ fɔːt]

Culpa mía.
My mistake.
[maɪ mɪ'steɪk]

¿Puedo ...?
May I ...?
[meɪ aɪ ...?]

¿Le molesta si ...?
Do you mind if I ...?
[də ju maɪnd ɪf aɪ ...?]

¡No hay problema! (No pasa nada.)
It's OK.
[ɪts əʊ'keɪ]

Todo está bien.
It's all right.
[ɪts ɔːl raɪt]

No se preocupe.
Don't worry about it.
[dəʊnt 'wʌri ə'baʊt ɪt]

Acuerdos

Sí.
Yes.
[jes]

Sí, claro.
Yes, sure.
[jes, ʃʊə]

Bien.
OK (Good!)
[əʊˈkeɪ (gʊd!)]

Muy bien.
Very well.
[ˈveri wel]

¡Claro que sí!
Certainly!
[ˈsɜːtnli!]

Estoy de acuerdo.
I agree.
[aɪ əˈgriː]

Es verdad.
That's correct.
[ðæts kəˈrekt]

Es correcto.
That's right.
[ðæts raɪt]

Tiene razón.
You're right.
[jʊə raɪt]

No me molesta.
I don't mind.
[aɪ dəʊnt maɪnd]

Es completamente cierto.
Absolutely right.
[ˈæbsəluːtli raɪt]

Es posible.
It's possible.
[ɪts ˈpɒsəbl]

Es una buena idea.
That's a good idea.
[ðæts ə gʊd aɪˈdɪə]

No puedo decir que no.
I can't say no.
[aɪ kɑːnt ˈseɪ nəʊ]

Estaré encantado /encantada/.
I'd be happy to.
[aɪd bi ˈhæpi tuː]

Será un placer.
With pleasure.
[wɪð ˈpleʒə]

Rechazo. Expresar duda

No.

No.
[nəʊ]

Claro que no.

Certainly not.
['sɜ:tnli nɒt]

No estoy de acuerdo.

I don't agree.
[aɪ dəʊnt ə'gri:]

No lo creo.

I don't think so.
[aɪ dəʊnt 'θɪŋk 'səʊ]

No es verdad.

It's not true.
[ɪts nɒt tru:]

No tiene razón.

You are wrong.
[ju ə rɒŋ]

Creo que no tiene razón.

I think you are wrong.
[aɪ θɪŋk ju ə rɒŋ]

No estoy seguro /segura/.

I'm not sure.
[aɪm nɒt ʃʊə]

No es posible.

It's impossible.
[ɪts ɪm'pɒsəbl]

¡Nada de eso!

No way!
[nəʊ 'weɪ!]

Justo lo contrario.

The exact opposite.
[ði ɪg'zækt 'ɒpəzɪt]

Estoy en contra de ello.

I'm against it.
[aɪm ə'genst ɪt]

No me importa. (Me da igual.)

I don't care.
[aɪ dəʊnt 'keə]

No tengo ni idea.

I have no idea.
[aɪ hɛv nəʊ aɪ'dɪə]

Dudo que sea así.

I doubt that.
[aɪ daʊt ðɛt]

Lo siento, no puedo.

Sorry, I can't.
['sɒri, aɪ kɑ:nt]

Lo siento, no quiero.

Sorry, I don't want to.
['sɒri, aɪ dəʊnt wɒnt tu:]

Gracias, pero no lo necesito.

Thank you, but I don't need this.
[θæŋk ju, bət aɪ dəʊnt ni:d ðɪs]

Ya es tarde.

It's late.
[ɪts leɪt]

Tengo que levantarme temprano.

I have to get up early.
[aɪ hɛv tə get 'ʌp 'ɜːli]

Me encuentro mal.

I don't feel well.
[aɪ dəʊnt fiːl wel]

Expresar gratitud

Gracias.	**Thank you.** [θæŋk ju]
Muchas gracias.	**Thank you very much.** [θæŋk ju 'veri 'mʌtʃ]
De verdad lo aprecio.	**I really appreciate it.** [aɪ 'rɪəli ə'priːʃieɪt ɪt]
Se lo agradezco.	**I'm really grateful to you.** [aɪm 'rɪəli 'greɪtfəl tə ju]
Se lo agradecemos.	**We are really grateful to you.** [wi ə 'rɪəli 'greɪtfəl tə ju]

Gracias por su tiempo.	**Thank you for your time.** [θæŋk ju fə jɔː taɪm]
Gracias por todo.	**Thanks for everything.** [θæŋks fər 'evrɪθɪŋ]
Gracias por ...	**Thank you for ...** [θæŋk ju fə ...]
su ayuda	**your help** [jɔː help]
tan agradable momento	**a nice time** [ə naɪs taɪm]

una comida estupenda	**a wonderful meal** [ə 'wʌndəfəl miːl]
una velada tan agradable	**a pleasant evening** [ə pleznt 'iːvnɪŋ]
un día maravilloso	**a wonderful day** [ə 'wʌndəfəl deɪ]
un viaje increíble	**an amazing journey** [ən ə'meɪzɪŋ 'dʒɜːni]

No hay de qué.	**Don't mention it.** [dəunt menʃn ɪt]
De nada.	**You are welcome.** [ju ə 'welkəm]
Siempre a su disposición.	**Any time.** ['eni taɪm]
Encantado /Encantada/ de ayudarle.	**My pleasure.** [maɪ 'pleʒə]
No hay de qué.	**Forget it. It's alright.** [fə'get ɪt. its ɔlraɪt]
No tiene importancia.	**Don't worry about it.** [dəunt 'wʌri ə'baut ɪt]

Felicitaciones , Mejores Deseos

¡Felicidades!	**Congratulations!** [kəngrætʊ'leɪʃnz!]
¡Feliz Cumpleaños!	**Happy birthday!** ['hæpi 'bɜːθdeɪ!]
¡Feliz Navidad!	**Merry Christmas!** ['meri 'krɪsməs!]
¡Feliz Año Nuevo!	**Happy New Year!** ['hæpi njuː 'jiə!]

¡Felices Pascuas!	**Happy Easter!** ['hæpi 'iːstə!]
¡Feliz Hanukkah!	**Happy Hanukkah!** ['hæpi 'hɑːnəkə!]

Quiero brindar.	**I'd like to propose a toast.** [aɪd laɪk tə prə'pəʊz ə təʊst]
¡Salud!	**Cheers!** [tʃɪəz!]
¡Brindemos por ...!	**Let's drink to ...!** [lets drɪŋk tə ...!]
¡A nuestro éxito!	**To our success!** [tu 'aʊə sək'ses!]
¡A su éxito!	**To your success!** [tə jɔː sək'ses!]

¡Suerte!	**Good luck!** [gʊd lʌk!]
¡Que tenga un buen día!	**Have a nice day!** [hɛv ə naɪs deɪ!]
¡Que tenga unas buenas vacaciones!	**Have a good holiday!** [hɛv ə gʊd 'hɒlədeɪ!]
¡Que tenga un buen viaje!	**Have a safe journey!** [hɛv ə seɪf 'dʒɜːni!]
¡Espero que se recupere pronto!	**I hope you get better soon!** [aɪ həʊp ju get 'betə suːn!]

Socializarse

¿Por qué está triste?	**Why are you sad?** [waɪ ə ju sæd?]
¡Sonría! ¡Anímese!	**Smile!** [smaɪl!]
¿Está libre esta noche?	**Are you free tonight?** [ə ju friː təˈnaɪt?]
¿Puedo ofrecerle algo de beber?	**May I offer you a drink?** [meɪ aɪ ˈɒfə ju ə drɪŋk?]
¿Querría bailar conmigo?	**Would you like to dance?** [wʊd ju laɪk tə dɑːns?]
Vamos a ir al cine.	**Let's go to the movies.** [lets ɡəʊ tə ðə ˈmuːvɪz]
¿Puedo invitarle a ...?	**May I invite you to ...?** [meɪ aɪ ɪnˈvaɪt ju tə ...?]
un restaurante	**a restaurant** [ə ˈrestrɒnt]
el cine	**the movies** [ðə ˈmuːvɪz]
el teatro	**the theater** [ðə ˈθiːətə]
dar una vuelta	**go for a walk** [ɡəʊ fər ə wɔːk]
¿A qué hora?	**At what time?** [ət wɒt taɪm?]
esta noche	**tonight** [təˈnaɪt]
a las seis	**at six** [ət sɪks]
a las siete	**at seven** [ət sevn]
a las ocho	**at eight** [ət eɪt]
a las nueve	**at nine** [ət naɪn]
¿Le gusta este lugar?	**Do you like it here?** [də ju laɪk ɪt hɪə?]
¿Está aquí con alguien?	**Are you here with someone?** [ə ju hɪə wɪð ˈsʌmwʌn?]
Estoy con mi amigo /amiga/.	**I'm with my friend.** [aɪm wɪð maɪ ˈfrend]

Estoy con amigos.

No, estoy solo /sola/.

I'm with my friends.
[aɪm wɪð maɪ frendz]

No, I'm alone.
[nəʊ, aɪm ə'ləʊn]

¿Tienes novio?

Tengo novio.

¿Tienes novia?

Tengo novia.

Do you have a boyfriend?
[də ju hɛv ə 'bɔɪfrend?]

I have a boyfriend.
[aɪ hɛv ə 'bɔɪfrend]

Do you have a girlfriend?
[də ju hɛv ə 'gɜːlfrend?]

I have a girlfriend.
[aɪ hɛv ə 'gɜːlfrend]

¿Te puedo volver a ver?

¿Te puedo llamar?

Llámame.

¿Cuál es tu número?

Te echo de menos.

Can I see you again?
[kən aɪ siː ju ə'gen?]

Can I call you?
[kən aɪ kɔːl ju?]

Call me.
[kɔːl miː]

What's your number?
[wɒts jɔː 'nʌmbə?]

I miss you.
[aɪ mɪs ju]

¡Qué nombre tan bonito!

Te quiero.

¿Te casarías conmigo?

¡Está de broma!

Sólo estoy bromeando.

You have a beautiful name.
[ju hɛv ə 'bjuːtəfl neɪm]

I love you.
[aɪ lʌv ju]

Will you marry me?
[wɪl ju 'mæri miː?]

You're kidding!
[jə 'kɪdɪŋ!]

I'm just kidding.
[aɪm dʒəst 'kɪdɪŋ]

¿En serio?

Lo digo en serio.

¿De verdad?

¡Es increíble!

No le creo.

No puedo.

No lo sé.

No le entiendo.

Are you serious?
[ə ju 'sɪərɪəs?]

I'm serious.
[aɪm 'sɪərɪəs]

Really?!
['rɪəli?!]

It's unbelievable!
[ɪts ʌnbɪ'liːvəbl!]

I don't believe you.
[aɪ dəʊnt bɪ'liːv ju]

I can't.
[aɪ kɑːnt]

I don't know.
[aɪ dəʊnt nəʊ]

I don't understand you.
[aɪ dəʊnt ʌndə'stænd ju]

Váyase, por favor.

Please go away.
[pliːz gəʊ əˈweɪ]

¡Déjeme en paz!

Leave me alone!
[liːv miː əˈləʊn!]

Es inaguantable.

I can't stand him.
[aɪ kɑːnt stænd hɪm]

¡Es un asqueroso!

You are disgusting!
[ju ə dɪsˈgʌstɪŋ!]

¡Llamaré a la policía!

I'll call the police!
[aɪl kɔːl ðə pəˈliːs!]

Compartir impresiones. Emociones

Me gusta.
I like it.
[aɪ laɪk ɪt]

Muy lindo.
Very nice.
['veri naɪs]

¡Es genial!
That's great!
[ðæts 'greɪt!]

No está mal.
It's not bad.
[ɪts nɒt bæd]

No me gusta.
I don't like it.
[aɪ dəʊnt laɪk ɪt]

No está bien.
It's not good.
[ɪts nɒt gʊd]

Está mal.
It's bad.
[ɪts bæd]

Está muy mal.
It's very bad.
[ɪts 'veri bæd]

¡Qué asco!
It's disgusting.
[ɪts dɪs'gʌstɪŋ]

Estoy feliz.
I'm happy.
[aɪm 'hæpi]

Estoy contento /contenta/.
I'm content.
[aɪm kən'tent]

Estoy enamorado /enamorada/.
I'm in love.
[aɪm ɪn lʌv]

Estoy tranquilo.
I'm calm.
[aɪm kɑːm]

Estoy aburrido.
I'm bored.
[aɪm bɔːd]

Estoy cansado /cansada/.
I'm tired.
[aɪm 'taɪəd]

Estoy triste.
I'm sad.
[aɪm sæd]

Estoy asustado.
I'm frightened.
[aɪm 'fraɪtnd]

Estoy enfadado /enfadada/.
I'm angry.
[aɪm 'æŋgri]

Estoy preocupado /preocupada/.
I'm worried.
[aɪm 'wʌrɪd]

Estoy nervioso /nerviosa/.
I'm nervous.
[aɪm 'nɜːvəs]

Estoy celoso /celosa/.

I'm jealous.
[aɪm 'dʒeləs]

Estoy sorprendido /sorprendida/.

I'm surprised.
[aɪm sə'praɪzd]

Estoy perplejo /perpleja/.

I'm perplexed.
[aɪm pə'plekst]

Problemas, Accidentes

Tengo un problema.

I've got a problem.
[aɪv gɒt ə 'prɒbləm]

Tenemos un problema.

We've got a problem.
[wiv gɒt ə 'prɒbləm]

Estoy perdido /perdida/.

I'm lost.
[aɪm lɒst]

Perdí el último autobús (tren).

I missed the last bus (train).
[aɪ mɪst ðə lɑːst bʌs (treɪn)]

No me queda más dinero.

I don't have any money left.
[aɪ dəʊnt hɛv 'eni 'mʌni left]

He perdido ...

I've lost my ...
[aɪv lɒst maɪ ...]

Me han robado ...

Someone stole my ...
['sʌmwʌn stəʊl maɪ ...]

mi pasaporte

passport
['pɑːspɔːt]

mi cartera

wallet
['wɒlɪt]

mis papeles

papers
['peɪpəz]

mi billete

ticket
['tɪkɪt]

---

mi dinero

money
['mʌni]

mi bolso

handbag
['hændbæg]

mi cámara

camera
['kæmərə]

mi portátil

laptop
['læptɒp]

mi tableta

tablet computer
['tæblɪt kəm'pjuːtə]

mi teléfono

mobile phone
['məʊbaɪl fəʊn]

¡Ayúdeme!

Help me!
[help miː!]

¿Qué pasó?

What's happened?
[wɒts 'hæpənd?]

el incendio

fire
['faɪə]

un tiroteo	**shooting** ['ʃuːtɪŋ]
el asesinato	**murder** [a 'mɜːdə]
una explosión	**explosion** [ɪk'spləʊʒn]
una pelea	**fight** [a faɪt]

¡Llame a la policía!	**Call the police!** [kɔːl ðə pə'liːsǃ]
¡Más rápido, por favor!	**Please hurry up!** [pliːz 'hʌri ʌpǃ]
Busco la comisaría.	**I'm looking for the police station.** [aɪm 'lʊkɪŋ fər ðə pə'liːs steɪʃn]
Tengo que hacer una llamada.	**I need to make a call.** [aɪ niːd tə meɪk ə kɔːl]
¿Puedo usar su teléfono?	**May I use your phone?** [meɪ aɪ juːz jɔː fəʊn?]

Me han ...	**I've been ...** [aɪv biːn ...]
asaltado /asaltada/	**mugged** [mʌgd]
robado /robada/	**robbed** [rɒbd]
violada	**raped** [reɪpt]
atacado /atacada/	**attacked** [ə'tækt]

¿Se encuentra bien?	**Are you all right?** [ə ju ɔːl raɪt?]
¿Ha visto quien a sido?	**Did you see who it was?** [dɪd ju siː huː ɪt wɒz?]
¿Sería capaz de reconocer a la persona?	**Would you be able to recognize the person?** [wʊd ju bi eɪbl tə 'rekəgnaɪz ðə 'pɜːsn?]
¿Está usted seguro?	**Are you sure?** [ə ju ʃʊə?]

Por favor, cálmese.	**Please calm down.** [pliːz kɑːm daʊn]
¡Cálmese!	**Take it easy!** [teɪk ɪt 'iːziǃ]
¡No se preocupe!	**Don't worry!** [dəʊnt 'wʌriǃ]
Todo irá bien.	**Everything will be fine.** ['evrɪθɪŋ wɪl bi faɪn]
Todo está bien.	**Everything's all right.** ['evrɪθɪŋz ɔːl raɪt]

Venga aquí, por favor.

Come here, please.
[kʌm hɪə, pliːz]

Tengo unas preguntas para usted.

I have some questions for you.
[aɪ hɛv səm 'kwestʃənz fə ju]

Espere un momento, por favor.

Wait a moment, please.
[weɪt ə 'məʊmənt, pliːz]

¿Tiene un documento de identidad?

Do you have any I.D.?
[də ju hɛv 'eni aɪ diː.?]

Gracias. Puede irse ahora.

Thanks. You can leave now.
[θæŋks. ju kən liːv naʊ]

¡Manos detrás de la cabeza!

Hands behind your head!
[hændz bɪ'haɪnd jɔ: hed!]

¡Está arrestado!

You're under arrest!
[jər 'ʌndər ə'rest!]

Problemas de salud

Ayudeme, por favor.	**Please help me.** [pli:z help mi:]
No me encuentro bien.	**I don't feel well.** [aɪ dəʊnt fi:l wel]
Mi marido no se encuentra bien.	**My husband doesn't feel well.** [maɪ 'hʌzbənd 'dʌznt fi:l wel]
Mi hijo …	**My son …** [maɪ sʌn …]
Mi padre …	**My father …** [maɪ 'fɑ:ðə …]

Mi mujer no se encuentra bien.	**My wife doesn't feel well.** [maɪ waɪf 'dʌznt fi:l wel]
Mi hija …	**My daughter …** [maɪ 'dɔ:tə …]
Mi madre …	**My mother …** [maɪ 'mʌðə …]

Me duele …	**I've got a …** [aɪv gɒt ə …]
la cabeza	**headache** ['hedeɪk]
la garganta	**sore throat** [sɔ: θrəʊt]
el estómago	**stomach ache** ['stʌmək eɪk]
un diente	**toothache** ['tu:θeɪk]

Estoy mareado.	**I feel dizzy.** [aɪ fi:l 'dɪzi]
Él tiene fiebre.	**He has a fever.** [hi həz ə 'fi:və]
Ella tiene fiebre.	**She has a fever.** [ʃi həz ə 'fi:və]
No puedo respirar.	**I can't breathe.** [aɪ kɑ:nt bri:ð]

Me ahogo.	**I'm short of breath.** [aɪm ʃɔ:t əv breθ]
Tengo asma.	**I am asthmatic.** [aɪ əm æs'mætɪk]
Tengo diabetes.	**I am diabetic.** [aɪ əm daɪə'betɪk]

No puedo dormir.

I can't sleep.
[aɪ kɑːnt sliːp]

intoxicación alimentaria

food poisoning
[fuːd 'pɔɪznɪŋ]

Me duele aquí.

It hurts here.
[ɪt hɜːts hɪə]

¡Ayúdeme!

Help me!
[help miː!]

¡Estoy aquí!

I am here!
[aɪ əm hɪə!]

¡Estamos aquí!

We are here!
[wi ə hɪə!]

¡Saquenme de aquí!

Get me out of here!
[get miː aʊt əv hɪə!]

Necesito un médico.

I need a doctor.
[aɪ niːd ə 'dɒktə]

No me puedo mover.

I can't move.
[aɪ kɑːnt muːv!]

No puedo mover mis piernas.

I can't move my legs.
[aɪ kɑːnt muːv maɪ legz]

Tengo una herida.

I have a wound.
[aɪ hɛv ə wuːnd]

¿Es grave?

Is it serious?
[ɪz ɪt 'sɪərɪəs?]

Mis documentos están en mi bolsillo.

My documents are in my pocket.
[maɪ 'dɒkjʊments ər ɪn maɪ 'pɒkɪt]

¡Cálmese!

Calm down!
[kɑːm daʊn!]

¿Puedo usar su teléfono?

May I use your phone?
[meɪ aɪ juːz jɔː fəʊn?]

¡Llame a una ambulancia!

Call an ambulance!
[kɔːl ən 'æmbjələns!]

¡Es urgente!

It's urgent!
[ɪts 'ɜːdʒənt!]

¡Es una emergencia!

It's an emergency!
[ɪts ən ɪ'mɜːdʒənsi!]

¡Más rápido, por favor!

Please hurry up!
[pliːz 'hʌri 'ʌp!]

¿Puede llamar a un médico, por favor?

Would you please call a doctor?
[wʊd ju pliːz kɔːl ə 'dɒktə?]

¿Dónde está el hospital?

Where is the hospital?
[weə ɪz ðə 'hɒspɪtl?]

¿Cómo se siente?

How are you feeling?
[haʊ ə ju 'fiːlɪŋ?]

¿Se encuentra bien?

Are you all right?
[ə ju ɔːl raɪt?]

¿Qué pasó?

What's happened?
[wɒts 'hæpənd?]

Me encuentro mejor.

I feel better now.
[aɪ fiːl 'betə naʊ]

Está bien.

It's OK.
[ɪts əʊ'keɪ]

Todo está bien.

It's all right.
[ɪts ɔːl raɪt]

En la farmacia

la farmacia	**Pharmacy (drugstore)** ['fɑːməsi ('drʌgstɔː)]
la farmacia 24 horas	**24-hour pharmacy** ['twenti fɔːr 'aʊə 'fɑːməsi]
¿Dónde está la farmacia más cercana?	**Where is the closest pharmacy?** [weə ɪz ðə 'kləʊsɪst 'fɑːməsi?]
¿Está abierta ahora?	**Is it open now?** [ɪz ɪt 'əʊpən naʊ?]
¿A qué hora abre?	**At what time does it open?** [ət wɒt taɪm dəz ɪt 'əʊpən?]
¿A qué hora cierra?	**At what time does it close?** [ət wɒt taɪm dəz ɪt kləʊz?]
¿Está lejos?	**Is it far?** [ɪz ɪt fɑː?]
¿Puedo llegar a pie?	**Can I get there on foot?** [kən aɪ get ðər ɒn fʊt?]
¿Puede mostrarme en el mapa?	**Can you show me on the map?** [kən ju ʃəʊ miː ɒn ðə mæp?]
Por favor, deme algo para …	**Please give me something for …** [pliːz gɪv miː 'sʌmθɪŋ fə …]
un dolor de cabeza	**a headache** [ə 'hedeɪk]
la tos	**a cough** [ə kɒf]
el resfriado	**a cold** [ə kəʊld]
la gripe	**the flu** [ðə fluː]
la fiebre	**a fever** [ə 'fiːvə]
un dolor de estomago	**a stomach ache** [ə 'stʌmək eɪk]
nauseas	**nausea** ['nɔːsɪə]
la diarrea	**diarrhea** [daɪə'rɪə]
el estreñimiento	**constipation** [kɒnstɪ'peɪʃn]
un dolor de espalda	**pain in the back** [peɪn ɪn ðə 'bæk]

un dolor de pecho	**chest pain** [tʃest peɪn]
el flato	**side stitch** [saɪd stɪtʃ]
un dolor abdominal	**abdominal pain** [æb'dɒmɪnəl peɪn]

la píldora	**pill** [pɪl]
la crema	**ointment, cream** ['ɔɪntmənt, kri:m]
el jarabe	**syrup** ['sɪrəp]
el spray	**spray** [spreɪ]
las gotas	**drops** [drɒps]

Tiene que ir al hospital.	**You need to go to the hospital.** [ju ni:d tə gəʊ tə ðə 'hɒspɪtl]
el seguro de salud	**health insurance** [helθ ɪn'ʃʊərəns]
la receta	**prescription** [prɪ'skrɪpʃn]
el repelente de insectos	**insect repellant** ['ɪnsekt rɪ'pelənt]
la curita	**sticking plaster** ['stikiŋ 'plastə]

Lo más imprescindible

Perdone, ...	**Excuse me, ...** [ɪk'skjuːz miː, ...]
Hola.	**Hello.** [həˈləʊ]
Gracias.	**Thank you.** [θæŋk juː]

Sí.	**Yes.** [jes]
No.	**No.** [nəʊ]
No lo sé.	**I don't know.** [aɪ dəʊnt nəʊ]
¿Dónde? | ¿A dónde? | ¿Cuándo?	**Where? | Where to? | When?** [weə? | weə tuː? | wen?]

Necesito ...	**I need ...** [aɪ niːd ...]
Quiero ...	**I want ...** [aɪ wɒnt ...]
¿Tiene ...?	**Do you have ...?** [də ju hɛv ...?]
¿Hay ... por aquí?	**Is there a ... here?** [ɪz ðər ə ... hɪə?]
¿Puedo ...?	**May I ...?** [meɪ aɪ ...?]
..., por favor? (petición educada)	**..., please** [..., pliːz]

Busco ...	**I'm looking for ...** [aɪm ˈlʊkɪŋ fə ...]
el servicio	**restroom** [ˈrestruːm]
un cajero automático	**ATM** [eɪtiːˈem]
una farmacia	**pharmacy, drugstore** [ˈfɑːməsi, ˈdrʌgstɔː]
el hospital	**hospital** [ˈhɒspɪtl]

la comisaría	**police station** [pəˈliːs ˈsteɪʃn]
el metro	**subway** [ˈsʌbweɪ]

un taxi	**taxi** ['tæksi]
la estación de tren	**train station** [treɪn 'steɪʃn]

Me llamo …	**My name is …** [maɪ 'neɪm ɪz …]
¿Cómo se llama?	**What's your name?** [wɒts jɔː 'neɪm?]
¿Puede ayudarme, por favor?	**Could you please help me?** [kəd ju pliːz help miː?]
Tengo un problema.	**I've got a problem.** [av gɒt ə 'prɒbləm]
Me encuentro mal.	**I don't feel well.** [aɪ dəʊnt fiːl wel]
¡Llame a una ambulancia!	**Call an ambulance!** [kɔːl ən 'æmbjələns!]
¿Puedo llamar, por favor?	**May I make a call?** [meɪ aɪ 'meɪk ə kɔːl?]

Lo siento.	**I'm sorry.** [aɪm 'sɒri]
De nada.	**You're welcome.** [juə 'welkəm]

Yo	**I, me** [aɪ, mi]
tú	**you** [ju]
él	**he** [hi]
ella	**she** [ʃi]
ellos	**they** [ðeɪ]
ellas	**they** [ðeɪ]
nosotros /nosotras/	**we** [wi]
ustedes, vosotros	**you** [ju]
usted	**you** [ju]

ENTRADA	**ENTRANCE** ['entrɑːns]
SALIDA	**EXIT** ['eksɪt]
FUERA DE SERVICIO	**OUT OF ORDER** [aʊt əv 'ɔːdə]
CERRADO	**CLOSED** [kləʊzd]

ABIERTO

OPEN
['əʊpən]

PARA SEÑORAS

FOR WOMEN
[fə 'wɪmɪn]

PARA CABALLEROS

FOR MEN
[fə men]

VOCABULARIO TEMÁTICO

Esta sección contiene más
de 3.000 de las palabras más
importantes. El diccionario
le proporcionará una ayuda
inestimable mientras viaja al
extranjero, porque las palabras
individuales son a menudo
suficientes para que
le entiendan.
El diccionario incluye una
transcripción adecuada
de cada palabra extranjera

T&P Books Publishing

CONTENIDO DEL DICCIONARIO

T&P Books Publishing

CONCEPTOS BÁSICOS

T&P Books Publishing

1. Los pronombres

yo	**I, me**	[aɪ], [miː]
tú	**you**	[juː]
él	**he**	[hiː]
ella	**she**	[ʃiː]
ello	**it**	[ɪt]
nosotros, -as	**we**	[wiː]
vosotros, -as	**you**	[juː]
ellos, ellas	**they**	[ðeɪ]

2. Saludos. Salutaciones

¡Hola! (fam.)	**Hello!**	[həˈloʊ]
¡Hola! (form.)	**Hello!**	[həˈloʊ]
¡Buenos días!	**Good morning!**	[gʊd ˈmɔːnɪŋ]
¡Buenas tardes!	**Good afternoon!**	[gʊd æftəˈnuːn]
¡Buenas noches!	**Good evening!**	[gʊd ˈiːvnɪŋ]
decir hola	**to say hello**	[tʊ seɪ həˈloʊ]
¡Hola! (a un amigo)	**Hi!**	[haɪ]
saludo (m)	**greeting**	[ˈgriːtɪŋ]
saludar (vt)	**to greet** (vt)	[tʊ griːt]
¿Cómo estás?	**How are you?**	[ˈhaʊ ə ˈjuː]
¿Qué hay de nuevo?	**What's new?**	[wʌts nuː]
¡Chau! ¡Adiós!	**Bye-Bye! Goodbye!**	[baɪ baɪ], [gʊdˈbaɪ]
¡Hasta pronto!	**See you soon!**	[si: ju suːn]
¡Adiós!	**Goodbye!**	[gʊdˈbaɪ]
despedirse (vr)	**to say goodbye**	[tʊ seɪ gʊdˈbaɪ]
¡Hasta luego!	**So long!**	[soʊ lɔːŋ]
¡Gracias!	**Thank you!**	[ˈθæŋk juː]
¡Muchas gracias!	**Thank you very much!**	[ˈθæŋk ju ˈvɛrɪ mʌtʃ]
De nada	**You're welcome.**	[ju ɑː ˈwɛlkəm]
No hay de qué	**Don't mention it!**	[ˈdoʊnt ˈmɛnʃn ɪt]
De nada	**It was nothing**	[ɪt wəz ˈnʌθɪŋ]
¡Disculpa! ¡Disculpe!	**Excuse me!**	[ɪkˈskjuːz miː]
disculpar (vt)	**to excuse** (vt)	[tʊ ɪkˈskjuːz]
disculparse (vr)	**to apologize** (vi)	[tʊ əˈpɑːlədʒaɪz]
Mis disculpas	**My apologies.**	[maɪ əˈpɑːlədʒɪz]

¡Perdóneme!	**I'm sorry!**	[aɪm 'sɑːrɪ]
perdonar (vt)	**to forgive** (vt)	[tʊ fə'gɪv]
¡No pasa nada!	**It's okay!**	[ɪts oʊ'keɪ]
por favor	**please**	[pliːz]

¡No se le olvide!	**Don't forget!**	['doʊnt fə'gɛt]
¡Ciertamente!	**Certainly!**	['sɜːtənlɪ]
¡Claro que no!	**Of course not!**	[əv kɔːs nɑːt]
¡De acuerdo!	**Okay!**	[oʊ'keɪ]
¡Basta!	**That's enough!**	[ðæts ɪ'nʌf]

3. Las preguntas

¿Quién?	**Who?**	[huː]
¿Qué?	**What?**	[wʌt]
¿Dónde?	**Where?**	[wɛə]
¿Adónde?	**Where?**	[wɛə]
¿De dónde?	**Where from?**	[wɛə frəm]
¿Cuándo?	**When?**	[wɛn]
¿Para qué?	**Why?**	[waɪ]

¿Por qué razón?	**What for?**	[wʌt fɔː]
¿Cómo?	**How?**	['haʊ]
¿Cuál?	**Which?**	[wɪtʃ]

¿A quién?	**To whom?**	[tʊ huːm]
¿De quién? (~ hablan …)	**About whom?**	[ə'baʊt huːm]
¿De qué?	**About what?**	[ə'baʊt wʌt]
¿Con quién?	**With whom?**	[wɪð huːm]

¿Cuánto? (innum.)	**How much?**	['haʊ 'mʌtʃ]
¿Cuánto? (num.)	**How many?**	['haʊ 'mɛnɪ]
¿De quién?	**Whose?**	[huːz]

4. Las preposiciones

con … (~ algn)	**with**	[wɪð]
sin … (~ azúcar)	**without**	[wɪ'ðaʊt]
a … (p.ej. voy a México)	**to**	[tuː]
de … (hablar ~)	**about**	[ə'baʊt]
antes de …	**before**	[bɪ'fɔː]
delante de …	**in front of …**	[ɪn 'frʌnt əv …]

debajo	**under**	['ʌndə]
sobre …, encima de …	**above**	[ə'bʌv]
en, sobre (~ la mesa)	**on**	[ɑːn]
de (origen)	**from**	[frʌm], [frəm]
de (fabricado de)	**of**	[əv]

| dentro de ... | **in** | [ɪn] |
| encima de ... | **over** | ['oʊvə] |

5. Las palabras útiles. Los adverbios. Unidad 1

¿Dónde?	**Where?**	[wɛə]
aquí (adv)	**here**	[hɪə]
allí (adv)	**there**	[ðɛə]

| en alguna parte | **somewhere** | ['sʌmwɛə] |
| en ninguna parte | **nowhere** | ['noʊwɛə] |

| junto a ... | **by** | [baɪ] |
| junto a la ventana | **by the window** | [baɪ ðə 'wɪndoʊ] |

¿A dónde?	**Where?**	[wɛə]
aquí (venga ~)	**here**	[hɪə]
allí (vendré ~)	**there**	[ðɛə]
de aquí (adv)	**from here**	[frəm hɪə]
de allí (adv)	**from there**	[frəm ðɛə]

| cerca (no lejos) | **close** | ['kloʊs] |
| lejos (adv) | **far** | [fɑ:] |

no lejos (adv)	**not far**	[nɑ:t fɑ:]
izquierdo (adj)	**left**	[lɛft]
a la izquierda (situado ~)	**on the left**	[ɑ:n ðə lɛft]
a la izquierda (girar ~)	**to the left**	[tʊ ðə lɛft]

derecho (adj)	**right**	[raɪt]
a la derecha (situado ~)	**on the right**	[ɑ:n ðə raɪt]
a la derecha (girar)	**to the right**	[tʊ ðə raɪt]

delante (yo voy ~)	**in front**	[ɪn frʌnt]
delantero (adj)	**front**	[frʌnt]
adelante (movimiento)	**ahead**	[ə'hɛd]

detrás de ...	**behind**	[bɪ'haɪnd]
desde atrás	**from behind**	[frəm bɪ'haɪnd]
atrás (da un paso ~)	**back**	[bæk]

| centro (m), medio (m) | **middle** | ['mɪdl] |
| en medio (adv) | **in the middle** | [ɪn ðə 'mɪdl] |

de lado (adv)	**at the side**	[ət ðə saɪd]
en todas partes	**everywhere**	['ɛvrɪwɛə]
alrededor (adv)	**around**	[ə'raʊnd]

| de dentro (adv) | **from inside** | [frəm 'ɪnsaɪd] |
| a alguna parte | **somewhere** | ['sʌmwɛə] |

todo derecho (adv)	**straight**	[streɪt]
atrás (muévelo para ~)	**back**	[bæk]
de alguna parte (adv)	**from anywhere**	[frəm 'ɛnɪwɛə]
no se sabe de dónde	**from somewhere**	[frəm 'sʌmwɛə]
primero (adv)	**firstly**	['fɜ:stlɪ]
segundo (adv)	**secondly**	['sɛkəndlɪ]
tercero (adv)	**thirdly**	['θɜ:dlɪ]
de súbito (adv)	**suddenly**	['sʌdənlɪ]
al principio (adv)	**at first**	[ət fɜ:st]
por primera vez	**for the first time**	[fɔ: ðə fɜ:st taɪm]
mucho tiempo antes …	**long before …**	[lɔ:ŋ bɪ'fɔ: …]
de nuevo (adv)	**anew**	[ə'nu:]
para siempre (adv)	**for good**	[fɔ: gʊd]
jamás, nunca (adv)	**never**	['nɛvə]
de nuevo (adv)	**again**	[ə'gɛn]
ahora (adv)	**now**	['naʊ]
frecuentemente (adv)	**often**	['ɔ:fən]
entonces (adv)	**then**	[ðɛn]
urgentemente (adv)	**urgently**	['ɜ:dʒəntlɪ]
usualmente (adv)	**usually**	['ju:ʒəlɪ]
a propósito, …	**by the way, …**	[baɪ ðə weɪ …]
es probable	**possibly**	['pɑ:səblɪ]
probablemente (adv)	**probably**	['prɑ:bəblɪ]
tal vez	**maybe**	['meɪbi:]
además …	**besides …**	[bɪ'saɪdz …]
por eso …	**that's why …**	[ðæts waɪ …]
a pesar de …	**in spite of …**	[ɪn 'spaɪt əv …]
gracias a …	**thanks to …**	['θæŋks tʊ …]
qué (pron)	**what**	[wʌt]
que (conj)	**that**	[ðæt]
algo (~ le ha pasado)	**something**	['sʌmθɪŋ]
algo (~ así)	**anything, something**	['ɛnɪθɪŋ], ['sʌmθɪŋ]
nada (f)	**nothing**	['nʌθɪŋ]
quien	**who**	[hu:]
alguien (viene ~)	**someone**	['sʌmwʌn]
alguien (¿ha llamado ~?)	**somebody**	['sʌmbədɪ]
nadie	**nobody**	['noʊbədɪ]
a ninguna parte	**nowhere**	['noʊwɛə]
de nadie	**nobody's**	['noʊbədɪz]
de alguien	**somebody's**	['sʌmbədɪz]
tan, tanto (adv)	**so**	['soʊ]
también (~ habla francés)	**also**	['ɔ:lsoʊ]
también (p.ej. Yo ~)	**too**	[tu:]

6. Las palabras útiles. Los adverbios. Unidad 2

¿Por qué?	**Why?**	[waɪ]
no se sabe porqué	**for some reason**	[fɔː sʌm 'riːzən]
porque …	**because …**	[bɪ'kɔːz …]
por cualquier razón (adv)	**for some purpose**	[fɔː sʌm 'pɜːpəs]

y (p.ej. uno y medio)	**and**	[ænd]
o (p.ej. té o café)	**or**	[ɔː]
pero (p.ej. me gusta, ~)	**but**	[bʌt]
para (p.ej. es para ti)	**for**	[fɔː]

demasiado (adv)	**too**	[tuː]
sólo, solamente (adv)	**only**	['oʊnlɪ]
exactamente (adv)	**exactly**	[ɪg'zæktlɪ]
unos …,	**about**	[ə'baʊt]
cerca de … (~ 10 kg)		

aproximadamente	**approximately**	[ə'prɑːksɪmətlɪ]
aproximado (adj)	**approximate**	[ə'prɑːksɪmət]
casi (adv)	**almost**	['ɔːlmoʊst]
resto (m)	**the rest**	[ðə rɛst]

el otro (adj)	**the other**	[ði 'ʌðə]
otro (p.ej. el otro día)	**other**	['ʌðə]
cada (adj)	**each**	[iːtʃ]
cualquier (adj)	**any**	['ɛnɪ]
mucho (innum.)	**much**	[mʌtʃ]
mucho (num.)	**many**	['mɛnɪ]
muchos (mucha gente)	**many people**	[ˌmɛnɪ 'piːpl]
todos	**all**	[ɔːl]

a cambio de …	**in return for …**	[ɪn rɪ'tɜːn fɔː …]
en cambio (adv)	**in exchange**	[ɪn ɪks'tʃeɪndʒ]
a mano (hecho ~)	**by hand**	[baɪ hænd]
poco probable	**hardly**	['hɑːdlɪ]

probablemente	**probably**	['prɑːbəblɪ]
a propósito (adv)	**on purpose**	[ɑːn 'pɜːpəs]
por accidente (adv)	**by accident**	[baɪ 'æksɪdənt]

muy (adv)	**very**	['vɛrɪ]
por ejemplo (adv)	**for example**	[fɔːr ɪg'zæmpl]
entre (~ nosotros)	**between**	[bɪ'twiːn]
entre (~ otras cosas)	**among**	[ə'mʌŋ]
tanto (~ gente)	**so much**	['soʊ 'mʌtʃ]
especialmente (adv)	**especially**	[ɪ'spɛʃəlɪ]

T&P BOOKS

NÚMEROS. MISCELÁNEA

T&P Books Publishing

cero	**zero**	['zɪroʊ]
uno	**one**	[wʌn]
dos	**two**	[tu:]
tres	**three**	[θri:]
cuatro	**four**	[fɔ:]

cinco	**five**	[faɪv]
seis	**six**	[sɪks]
siete	**seven**	['sɛvən]
ocho	**eight**	[eɪt]
nueve	**nine**	[naɪn]

diez	**ten**	[tɛn]
once	**eleven**	[ɪ'lɛvən]
doce	**twelve**	[twɛlv]
trece	**thirteen**	[θɜ:'ti:n]
catorce	**fourteen**	[fɔ:'ti:n]

quince	**fifteen**	[fɪf'ti:n]
dieciséis	**sixteen**	[sɪks'ti:n]
diecisiete	**seventeen**	[sɛvən'ti:n]
dieciocho	**eighteen**	[eɪ'ti:n]
diecinueve	**nineteen**	[naɪn'ti:n]

veinte	**twenty**	['twɛntɪ]
veintiuno	**twenty-one**	['twɛntɪ wʌn]
veintidós	**twenty-two**	['twɛntɪ tu:]
veintitrés	**twenty-three**	['twɛntɪ θri:]

treinta	**thirty**	['θɜ:tɪ]
treinta y uno	**thirty-one**	['θɜ:tɪ wʌn]
treinta y dos	**thirty-two**	['θɜ:tɪ tu:]
treinta y tres	**thirty-three**	['θɜ:tɪ θri:]

cuarenta	**forty**	['fɔ:tɪ]
cuarenta y uno	**forty-one**	['fɔ:tɪ wʌn]
cuarenta y dos	**forty-two**	['fɔ:tɪ tu:]
cuarenta y tres	**forty-three**	['fɔ:tɪ θri:]

cincuenta	**fifty**	['fɪftɪ]
cincuenta y uno	**fifty-one**	['fɪftɪ wʌn]
cincuenta y dos	**fifty-two**	['fɪftɪ tu:]
cincuenta y tres	**fifty-three**	['fɪftɪ θri:]
sesenta	**sixty**	['sɪkstɪ]

sesenta y uno	**sixty-one**	['sɪkstɪ wʌn]
sesenta y dos	**sixty-two**	['sɪkstɪ tu:]
sesenta y tres	**sixty-three**	['sɪkstɪ θri:]
setenta	**seventy**	['sɛvəntɪ]
setenta y uno	**seventy-one**	['sɛvəntɪ wʌn]
setenta y dos	**seventy-two**	['sɛvəntɪ tu:]
setenta y tres	**seventy-three**	['sɛvəntɪ θri:]
ochenta	**eighty**	['eɪtɪ]
ochenta y uno	**eighty-one**	['eɪtɪ wʌn]
ochenta y dos	**eighty-two**	['eɪtɪ tu:]
ochenta y tres	**eighty-three**	['eɪtɪ θri:]
noventa	**ninety**	['naɪntɪ]
noventa y uno	**ninety-one**	['naɪntɪ wʌn]
noventa y dos	**ninety-two**	['naɪntɪ tu:]
noventa y tres	**ninety-three**	['naɪntɪ θri:]

8. Números cardinales. Unidad 2

cien	**one hundred**	[wʌn 'hʌndrəd]
doscientos	**two hundred**	[tu 'hʌndrəd]
trescientos	**three hundred**	[θri: 'hʌndrəd]
cuatrocientos	**four hundred**	[fɔ: 'hʌndrəd]
quinientos	**five hundred**	[faɪv 'hʌndrəd]
seiscientos	**six hundred**	[sɪks 'hʌndrəd]
setecientos	**seven hundred**	['sɛvən 'hʌndrəd]
ochocientos	**eight hundred**	[eɪt 'hʌndrəd]
novecientos	**nine hundred**	[naɪn 'hʌndrəd]
mil	**one thousand**	[wʌn 'θaʊzənd]
dos mil	**two thousand**	[tu 'θaʊzənd]
tres mil	**three thousand**	[θri: 'θaʊzənd]
diez mil	**ten thousand**	[tɛn 'θaʊzənd]
cien mil	**one hundred thousand**	[wʌn 'hʌndrəd 'θaʊzənd]
millón (m)	**million**	['mɪljən]
mil millones	**billion**	['bɪljən]

9. Números ordinales

primero (adj)	**first**	[fɜ:st]
segundo (adj)	**second**	['sɛkənd]
tercero (adj)	**third**	[θɜ:d]
cuarto (adj)	**fourth**	[fɔ:θ]
quinto (adj)	**fifth**	[fɪfθ]
sexto (adj)	**sixth**	[sɪksθ]

séptimo (adj)	seventh	['sɛvənθ]
octavo (adj)	eighth	[eɪtθ]
noveno (adj)	ninth	[naɪnθ]
décimo (adj)	tenth	[tɛnθ]

T&P BOOKS

LOS COLORES.
LAS UNIDADES DE MEDIDA

T&P Books Publishing

color (m)	color	['kʌlə]
matiz (m)	shade	[ʃeɪd]
tono (m)	hue	[hju:]
arco (m) iris	rainbow	['reɪnboʊ]

blanco (adj)	white	[waɪt]
negro (adj)	black	[blæk]
gris (adj)	gray	[greɪ]

verde (adj)	green	[gri:n]
amarillo (adj)	yellow	['jɛloʊ]
rojo (adj)	red	[rɛd]
azul (adj)	blue	[blu:]
azul claro (adj)	light blue	[laɪt blu:]
rosa (adj)	pink	[pɪŋk]
naranja (adj)	orange	['ɔːrɪndʒ]
violeta (adj)	violet	['vaɪələt]
marrón (adj)	brown	['braʊn]

dorado (adj)	golden	['goʊldən]
argentado (adj)	silvery	['sɪlvərɪ]
beige (adj)	beige	[beɪʒ]
crema (adj)	cream	[kri:m]
turquesa (adj)	turquoise	['tɜ:kwɔɪz]
rojo cereza (adj)	cherry red	['tʃɛrɪ rɛd]
lila (adj)	lilac	['laɪlək]
carmesí (adj)	crimson	['krɪmzən]

claro (adj)	light	[laɪt]
oscuro (adj)	dark	[dɑːk]
vivo (adj)	bright	[braɪt]

de color (lápiz ~)	colored	['kʌləd]
en colores (película ~)	color	['kʌlə]
blanco y negro (adj)	black-and-white	[blæk ən waɪt]
unicolor (adj)	plain, one-colored	[pleɪn], [wʌn 'kʌləd]
multicolor (adj)	multicolored	['mʌltɪˌkʌləd]

peso (m)	weight	[weɪt]
longitud (f)	length	[lɛŋθ]

anchura (f)	**width**	[wɪdθ]
altura (f)	**height**	[haɪt]
profundidad (f)	**depth**	[dɛpθ]
volumen (m)	**volume**	['vɑ:lju:m]
área (f)	**area**	['ɛrɪə]
gramo (m)	**gram**	[græm]
miligramo (m)	**milligram**	['mɪlɪgræm]
kilogramo (m)	**kilogram**	['kɪləgræm]
tonelada (f)	**ton**	[tʌn]
libra (f)	**pound**	['paʊnd]
onza (f)	**ounce**	['aʊns]
metro (m)	**meter**	['mi:tə]
milímetro (m)	**millimeter**	['mɪlɪmi:tə]
centímetro (m)	**centimeter**	['sɛntɪmi:tə]
kilómetro (m)	**kilometer**	[kɪ'lɑmi:tə]
milla (f)	**mile**	[maɪl]
pulgada (f)	**inch**	[ɪntʃ]
pie (m)	**foot**	[fʊt]
yarda (f)	**yard**	[jɑ:d]
metro (m) cuadrado	**square meter**	[skwɛə 'mi:tə]
hectárea (f)	**hectare**	['hɛktə]
litro (m)	**liter**	['li:tə]
grado (m)	**degree**	[dɪ'gri:]
voltio (m)	**volt**	['voʊlt]
amperio (m)	**ampere**	['æmpɛə]
caballo (m) de fuerza	**horsepower**	['hɔ:s‚paʊə]
cantidad (f)	**quantity**	['kwɑ:ntətɪ]
un poco de …	**a little bit of …**	[ə lɪtl bɪt əv …]
mitad (f)	**half**	[hæf]
docena (f)	**dozen**	['dʌzən]
pieza (f)	**piece**	[pi:s]
dimensión (f)	**size**	[saɪz]
escala (f) (del mapa)	**scale**	[skeɪl]
mínimo (adj)	**minimal**	['mɪnɪməl]
el más pequeño (adj)	**the smallest**	[ðə 'smɔ:ləst]
medio (adj)	**medium**	['mi:dɪəm]
máximo (adj)	**maximal**	['mæksɪməl]
el más grande (adj)	**the largest**	[ðə 'lɑ:dʒɪst]

12. Contenedores

tarro (m) de vidrio	**jar**	[dʒɑ:]
lata (f)	**can**	[kæn]

cubo (m)	**bucket**	['bʌkɪt]
barril (m)	**barrel**	['bærəl]
palangana (f)	**basin**	['beɪsən]
tanque (m)	**tank**	[tæŋk]
petaca (f) (de alcohol)	**hip flask**	[hɪp flæsk]
bidón (m) de gasolina	**jerrycan**	['dʒɛrɪkæn]
cisterna (f)	**tank**	[tæŋk]
taza (f) (mug de cerámica)	**mug**	[mʌg]
taza (f) (~ de café)	**cup**	[kʌp]
platillo (m)	**saucer**	['sɔːsə]
vaso (m) (~ de agua)	**glass**	[glæs]
copa (f) (~ de vino)	**glass**	[glæs]
olla (f)	**stock pot**	[stɑːk pɑːt]
botella (f)	**bottle**	[bɑːtl]
cuello (m) de botella	**neck**	[nɛk]
garrafa (f)	**carafe**	[kə'ræf]
jarro (m) (~ de agua)	**pitcher**	['pɪtʃə]
recipiente (m)	**vessel**	[vɛsl]
tarro (m)	**pot**	[pɑːt]
florero (m)	**vase**	[vɑz], [veɪz]
frasco (m) (~ de perfume)	**bottle**	[bɑːtl]
frasquito (m)	**vial, small bottle**	['vaɪəl], [smɔːl 'bɑːtl]
tubo (m)	**tube**	[tuːb]
saco (m) (~ de azúcar)	**sack**	[sæk]
bolsa (f) (~ plástica)	**bag**	[bæg]
paquete (m) (~ de cigarrillos)	**pack**	[pæk]
caja (f)	**box**	[bɑːks]
cajón (m) (~ de madera)	**box**	[bɑːks]
cesta (f)	**basket**	['bæskɪt]

T&P BOOKS

LOS VERBOS MÁS IMPORTANTES

T&P Books Publishing

abrir (vt)	to open (vt)	[tʊ 'oʊpən]
acabar, terminar (vt)	to finish (vt)	[tʊ 'fınıʃ]
aconsejar (vt)	to advise (vt)	[tʊ əd'vaız]
adivinar (vt)	to guess (vt)	[tʊ gɛs]
advertir (vt)	to warn (vt)	[tʊ wɔːn]
alabarse, jactarse (vr)	to boast (vi)	[tʊ 'boʊst]
almorzar (vi)	to have lunch	[tʊ hæv lʌntʃ]
alquilar (~ una casa)	to rent (vt)	[tʊ rɛnt]
amenazar (vt)	to threaten (vt)	[tʊ 'θrɛtən]
arrepentirse (vr)	to regret (vi)	[tʊ rɪ'grɛt]
ayudar (vt)	to help (vt)	[tʊ hɛlp]
bañarse (vr)	to go for a swim	[tʊ 'goʊ fɔrə swɪm]
bromear (vi)	to joke (vi)	[tʊ 'dʒoʊk]
buscar (vt)	to look for ...	[tʊ lʊk fɔː ...]
caer (vi)	to fall (vi)	[tʊ fɔːl]
callarse (vr)	to keep silent	[tʊ kiːp 'saɪlənt]
cambiar (vt)	to change (vt)	[tʊ ʧeɪndʒ]
castigar, punir (vt)	to punish (vt)	[tʊ 'pʌnɪʃ]
cavar (vt)	to dig (vt)	[tʊ dɪg]
cazar (vi, vt)	to hunt (vi, vt)	[tʊ hʌnt]
cenar (vi)	to have dinner	[tʊ hæv 'dɪnə]
cesar (vt)	to stop (vt)	[tʊ stɑːp]
coger (vt)	to catch (vt)	[tʊ kæʧ]
comenzar (vt)	to begin (vt)	[tʊ bɪ'gɪn]
comparar (vt)	to compare (vt)	[tʊ kəm'pɛə]
comprender (vt)	to understand (vt)	[tʊ ʌndə'stænd]
confiar (vt)	to trust (vt)	[tʊ trʌst]
confundir (vt)	to confuse, to mix up (vt)	[tʊ kən'fjuːz], [tʊ mɪks ʌp]
conocer (~ a alguien)	to know (vt)	[tʊ 'noʊ]
contar (vt) (enumerar)	to count (vt)	[tʊ 'kaʊnt]
contar con ...	to count on ...	[tʊ 'kaʊnt ɑːn ...]
continuar (vt)	to continue (vt)	[tʊ kən'tɪnjuː]
controlar (vt)	to control (vt)	[tʊ kən'troʊl]
correr (vi)	to run (vi)	[tʊ rʌn]
costar (vt)	to cost (vt)	[tʊ kɔːst]
crear (vt)	to create (vt)	[tʊ kriː'eɪt]

14. Los verbos más importantes. Unidad 2

dar (vt)	to give (vt)	[tʊ gɪv]
dar una pista	to give a hint	[tʊ gɪv ə hɪnt]
decir (vt)	to say (vt)	[tʊ seɪ]
decorar (para la fiesta)	to decorate (vt)	[tʊ 'dɛkəreɪt]
defender (vt)	to defend (vt)	[tʊ dɪ'fɛnd]
dejar caer	to drop (vt)	[tʊ drɑːp]
desayunar (vi)	to have breakfast	[tʊ hæv 'brɛkfəst]
descender (vi)	to come down	[tʊ kʌm 'daʊn]
dirigir (administrar)	to run, to manage	[tʊ rʌn], [tʊ 'mænɪʤ]
disculpar (vt)	to excuse (vt)	[tʊ ɪk'skjuːz]
disculparse (vr)	to apologize (vi)	[tʊ ə'pɑːləʤaɪz]
discutir (vt)	to discuss (vt)	[tʊ dɪs'kʌs]
dudar (vt)	to doubt (vi)	[tʊ 'daʊt]
encontrar (hallar)	to find (vt)	[tʊ faɪnd]
engañar (vi, vt)	to deceive (vi, vt)	[tʊ dɪ'siːv]
entrar (vi)	to enter (vt)	[tʊ 'ɛntə]
enviar (vt)	to send (vt)	[tʊ sɛnd]
equivocarse (vr)	to make a mistake	[tʊ meɪk ə mɪ'steɪk]
escoger (vt)	to choose (vt)	[tʊ ʧuːz]
esconder (vt)	to hide (vt)	[tʊ haɪd]
escribir (vt)	to write (vt)	[tʊ raɪt]
esperar (aguardar)	to wait (vt)	[tʊ weɪt]
esperar (tener esperanza)	to hope (vi, vt)	[tʊ 'hoʊp]
estar de acuerdo	to agree (vi)	[tʊ ə'griː]
estudiar (vt)	to study (vt)	[tʊ 'stʌdɪ]
exigir (vt)	to demand (vt)	[tʊ dɪ'mænd]
existir (vi)	to exist (vi)	[tʊ ɪg'zɪst]
explicar (vt)	to explain (vt)	[tʊ ɪk'spleɪn]
faltar (a las clases)	to miss (vt)	[tʊ mɪs]
firmar (~ el contrato)	to sign (vt)	[tʊ saɪn]
girar (~ a la izquierda)	to turn (vi)	[tʊ tɜːn]
gritar (vi)	to shout (vi)	[tʊ 'ʃaʊt]
guardar (conservar)	to keep (vt)	[tʊ kiːp]
gustar (vi)	to like (vt)	[tʊ laɪk]
hablar (vi, vt)	to speak (vi, vt)	[tʊ spiːk]
hacer (vt)	to do (vt)	[tʊ duː]
informar (vt)	to inform (vt)	[tʊ ɪn'fɔːm]
insistir (vi)	to insist (vi, vt)	[tʊ ɪn'sɪst]
insultar (vt)	to insult (vt)	[tʊ ɪn'sʌlt]
interesarse (vr)	to be interested in ...	[tʊ bi 'ɪntrɛstɪd ɪn ...]
invitar (vt)	to invite (vt)	[tʊ ɪn'vaɪt]

| ir (a pie) | to go (vi) | [tʊ 'goʊ] |
| jugar (divertirse) | to play (vi) | [tʊ pleɪ] |

15. Los verbos más importantes. Unidad 3

leer (vi, vt)	to read (vi, vt)	[tʊ ri:d]
liberar (ciudad, etc.)	to liberate (vt)	[tʊ 'lɪbəreɪt]
llamar (por ayuda)	to call (vt)	[tʊ kɔ:l]
llegar (vi)	to arrive (vi)	[tʊ ə'raɪv]
llorar (vi)	to cry (vi)	[tʊ kraɪ]

matar (vt)	to kill (vt)	[tʊ kɪl]
mencionar (vt)	to mention (vt)	[tʊ 'menʃn]
mostrar (vt)	to show (vt)	[tʊ 'ʃoʊ]
nadar (vi)	to swim (vi)	[tʊ swɪm]

negarse (vr)	to refuse (vi, vt)	[tʊ rɪ'fju:z]
objetar (vt)	to object (vi, vt)	[tʊ əb'dʒɛkt]
observar (vt)	to observe (vt)	[tʊ əb'zɜ:v]
oír (vt)	to hear (vt)	[tʊ hɪə]

olvidar (vt)	to forget (vi, vt)	[tʊ fə'gɛt]
orar (vi)	to pray (vi, vt)	[tʊ preɪ]
ordenar (mil.)	to order (vi, vt)	[tʊ 'ɔ:də]
pagar (vi, vt)	to pay (vi, vt)	[tʊ peɪ]
pararse (vr)	to stop (vi)	[tʊ stɑ:p]

participar (vi)	to participate (vi)	[tʊ pɑ:'tɪsɪpeɪt]
pedir (ayuda, etc.)	to ask (vt)	[tʊ æsk]
pedir (en restaurante)	to order (vt)	[tʊ 'ɔ:də]
pensar (vi, vt)	to think (vi, vt)	[tʊ θɪŋk]

percibir (ver)	to notice (vt)	[tʊ 'noʊtɪs]
perdonar (vt)	to forgive (vt)	[tʊ fə'gɪv]
permitir (vt)	to permit (vt)	[tʊ pə'mɪt]
pertenecer a ...	to belong to ...	[tʊ bɪ'lɔ:ŋ tʊ ...]

planear (vt)	to plan (vt)	[tʊ plæn]
poder (v aux)	can (v aux)	[kæn]
poseer (vt)	to own (vt)	[tʊ 'oʊn]
preferir (vt)	to prefer (vt)	[tʊ prɪ'fɜ:]
preguntar (vt)	to ask (vt)	[tʊ æsk]

preparar (la cena)	to cook (vt)	[tʊ kʊk]
prever (vt)	to expect (vt)	[tʊ ɪk'spɛkt]
probar, tentar (vt)	to try (vt)	[tʊ traɪ]
prometer (vt)	to promise (vt)	[tʊ 'prɑ:mɪs]
pronunciar (vt)	to pronounce (vt)	[tʊ prə'naʊns]
proponer (vt)	to propose (vt)	[tʊ prə'poʊz]
quebrar (vt)	to break (vt)	[tʊ breɪk]

quejarse (vr)	to complain (vi, vt)	[tʊ kəm'pleɪn]
querer (amar)	to love (vt)	[tʊ lʌv]
querer (desear)	to want (vt)	[tʊ wɑːnt]

16. Los verbos más importantes. Unidad 4

recomendar (vt)	to recommend (vt)	[tʊ rɛkə'mɛnd]
regañar, reprender (vt)	to scold (vt)	[tʊ 'skoʊld]
reírse (vr)	to laugh (vi)	[tʊ læf]
repetir (vt)	to repeat (vt)	[tʊ rɪ'piːt]
reservar (~ una mesa)	to reserve, to book	[tʊ rɪ'zɜːv], [tʊ bʊk]
responder (vi, vt)	to answer (vi, vt)	[tʊ 'ænsə]

robar (vt)	to steal (vt)	[tʊ stiːl]
saber (~ algo mas)	to know (vt)	[tʊ 'noʊ]
salir (vi)	to go out	[tʊ 'goʊ 'aʊt]
salvar (vt)	to save, to rescue	[tʊ seɪv], [tʊ 'rɛskjuː]
seguir ...	to follow ...	[tʊ 'fɑːloʊ ...]
sentarse (vr)	to sit down (vi)	[tʊ sɪt 'daʊn]

ser necesario	to be needed	[tʊ bi 'niːdɪd]
ser, estar (vi)	to be (vi)	[tʊ biː]
significar (vt)	to mean (vt)	[tʊ miːn]
sonreír (vi)	to smile (vi)	[tʊ smaɪl]
sorprenderse (vr)	to be surprised	[tʊ bi sə'praɪzd]

subestimar (vt)	to underestimate (vt)	[tʊ ʌndə'rɛstɪmeɪt]
tener (vt)	to have (vt)	[tʊ hæv]
tener hambre	to be hungry	[tʊ bi 'hʌŋgrɪ]
tener miedo	to be afraid	[tʊ bi ə'freɪd]

tener prisa	to hurry (vi)	[tʊ 'hʌrɪ]
tener sed	to be thirsty	[tʊ bi 'θɜːstɪ]
tirar, disparar (vi)	to shoot (vi)	[tʊ ʃuːt]
tocar (con las manos)	to touch (vt)	[tʊ tʌʧ]
tomar (vt)	to take (vt)	[tʊ teɪk]
tomar nota	to write down	[tʊ raɪt 'daʊn]

trabajar (vi)	to work (vi)	[tʊ wɜːk]
traducir (vt)	to translate (vt)	[tʊ 'trænsleɪt]
unir (vt)	to unite (vt)	[tʊ juː'naɪt]
vender (vt)	to sell (vt)	[tʊ sɛl]
ver (vt)	to see (vt)	[tʊ siː]
volar (pájaro, avión)	to fly (vi)	[tʊ flaɪ]

T&P BOOKS

LA HORA. EL CALENDARIO

T&P Books Publishing

lunes (m)	**Monday**	['mʌndɪ], ['mʌndeɪ]
martes (m)	**Tuesday**	['tu:zdɪ], ['tu:zdeɪ]
miércoles (m)	**Wednesday**	['wenzdɪ], ['wenzdeɪ]
jueves (m)	**Thursday**	['θɜ:zdɪ], ['θɜ:zdeɪ]
viernes (m)	**Friday**	['fraɪdɪ], ['fraɪdeɪ]
sábado (m)	**Saturday**	['sætədɪ], ['sætədeɪ]
domingo (m)	**Sunday**	['sʌndɪ], ['sʌndeɪ]
hoy (adv)	**today**	[tə'deɪ]
mañana (adv)	**tomorrow**	[tə'mɔ:roʊ]
pasado mañana	**the day after tomorrow**	[ðə deɪ 'æftə tə'mɔ:roʊ]
ayer (adv)	**yesterday**	['jɛstədeɪ]
anteayer (adv)	**the day before yesterday**	[ðə deɪ bɪ'fɔ: 'jɛstədeɪ]
día (m)	**day**	[deɪ]
día (m) de trabajo	**working day**	['wɜ:kɪŋ deɪ]
día (m) de fiesta	**public holiday**	['pʌblɪk 'hɑ:lɪdeɪ]
día (m) de descanso	**day off**	[deɪ ɔ:f]
fin (m) de semana	**weekend**	['wi:kɛnd]
todo el día	**all day long**	[ɔ:l deɪ lɔ:ŋ]
al día siguiente	**the next day**	[ðə nɛkst deɪ]
dos días atrás	**two days ago**	[tu deɪz ə'goʊ]
en vísperas (adv)	**the day before**	[ðə deɪ bɪ'fɔ:]
diario (adj)	**daily**	['deɪlɪ]
cada día (adv)	**every day**	['ɛvrɪ deɪ]
semana (f)	**week**	[wi:k]
semana (f) pasada	**last week**	[læst wi:k]
semana (f) que viene	**next week**	[nɛkst wi:k]
semanal (adj)	**weekly**	['wi:klɪ]
cada semana (adv)	**every week**	['ɛvrɪ wi:k]
2 veces por semana	**twice a week**	[twaɪs ə wi:k]
todos los martes	**every Tuesday**	['ɛvrɪ 'tu:zdeɪ]

mañana (f)	**morning**	['mɔ:nɪŋ]
por la mañana	**in the morning**	[ɪn ðə 'mɔ:nɪŋ]
mediodía (m)	**noon, midday**	[nu:n], ['mɪdeɪ]
por la tarde	**in the afternoon**	[ɪn ðɪ æftə'nu:n]
noche (f)	**evening**	['i:vnɪŋ]

por la noche	in the evening	[ɪn ðɪ 'iːvnɪŋ]
noche (f) (p.ej. 2:00 a.m.)	night	[naɪt]
por la noche	at night	[ət naɪt]
medianoche (f)	midnight	['mɪdnaɪt]

segundo (m)	second	['sɛkənd]
minuto (m)	minute	['mɪnɪt]
hora (f)	hour	['aʊə]
media hora (f)	half an hour	[hæf ən 'aʊə]
cuarto (m) de hora	a quarter-hour	[ə 'kwɔːtər 'aʊə]
quince minutos	fifteen minutes	[fɪf'tiːn 'mɪnɪts]
veinticuatro horas	twenty four hours	['twɛntɪ fɔː 'aʊəz]

salida (f) del sol	sunrise	['sʌnraɪz]
amanecer (m)	dawn	[dɔːn]
madrugada (f)	early morning	['ɜːlɪ 'mɔːnɪŋ]
puesta (f) del sol	sunset	['sʌnsɛt]

de madrugada	early in the morning	['ɜːlɪ ɪn ðə 'mɔːnɪŋ]
esta mañana	this morning	[ðɪs 'mɔːnɪŋ]
mañana por la mañana	tomorrow morning	[tə'mɔːrəʊ 'mɔːnɪŋ]

esta tarde	this afternoon	[ðɪs æftə'nuːn]
por la tarde	in the afternoon	[ɪn ðɪ æftə'nuːn]
mañana por la tarde	tomorrow afternoon	[tə'mɔːrəʊ æftə'nuːn]

| esta noche (p.ej. 8:00 p.m.) | tonight | [tə'naɪt] |
| mañana por la noche | tomorrow night | [tə'mɔːrəʊ naɪt] |

a las tres en punto	at 3 o'clock sharp	[ət θri: ə'klɑːk ʃɑːp]
a eso de las cuatro	about 4 o'clock	[ə'baʊt fɔːr ə'klɑːk]
para las doce	by 12 o'clock	[baɪ twɛlv ə'klɑːk]

dentro de veinte minutos	in 20 minutes	[ɪn 'twɛntɪ 'mɪnɪts]
dentro de una hora	in an hour	[ɪn ən 'aʊə]
a tiempo (adv)	on time	[ɑːn taɪm]

... menos cuarto	a quarter to ...	[ə 'kwɔːtə tʊ ...]
durante una hora	within an hour	[wɪ'ðɪn æn 'aʊə]
cada quince minutos	every 15 minutes	['ɛvrɪ fɪf'tiːn 'mɪnɪts]
día y noche	round the clock	['raʊnd ðə klɑːk]

19. Los meses. Las estaciones

enero (m)	January	['dʒænjʊərɪ]
febrero (m)	February	['fɛbrʊərɪ]
marzo (m)	March	[mɑːʧ]
abril (m)	April	['eɪprəl]
mayo (m)	May	[meɪ]

junio (m)	**June**	[dʒuːn]
julio (m)	**July**	[dʒuː'laɪ]
agosto (m)	**August**	['ɔːgəst]
septiembre (m)	**September**	[sɛp'tɛmbə]
octubre (m)	**October**	[ɑːk'toʊbə]
noviembre (m)	**November**	[noʊ'vɛmbə]
diciembre (m)	**December**	[dɪ'sɛmbə]

primavera (f)	**spring**	[sprɪŋ]
en primavera	**in (the) spring**	[ɪn (ðə) sprɪŋ]
de primavera (adj)	**spring**	[sprɪŋ]

verano (m)	**summer**	['sʌmə]
en verano	**in (the) summer**	[ɪn (ðə) 'sʌmə]
de verano (adj)	**summer**	['sʌmə]

otoño (m)	**fall**	[fɔːl]
en otoño	**in (the) fall**	[ɪn (ðə) fɔːl]
de otoño (adj)	**fall**	[fɔːl]

invierno (m)	**winter**	['wɪntə]
en invierno	**in (the) winter**	[ɪn (ðə) 'wɪntə]
de invierno (adj)	**winter**	['wɪntə]

mes (m)	**month**	[mʌnθ]
este mes	**this month**	[ðɪs mʌnθ]
al mes siguiente	**next month**	[nɛkst mʌnθ]
el mes pasado	**last month**	[læst mʌnθ]

hace un mes	**a month ago**	[ə mʌnθ ə'goʊ]
dentro de un mes	**in a month**	[ɪn ə mʌnθ]
dentro de dos meses	**in two months**	[ɪn tuː mʌnθs]
todo el mes	**the whole month**	[ðə hoʊl mʌnθ]
todo un mes	**all month long**	[ɔːl mʌnθ lɔːŋ]

mensual (adj)	**monthly**	['mʌnθlɪ]
mensualmente (adv)	**monthly**	['mʌnθlɪ]
cada mes	**every month**	['ɛvrɪ mʌnθ]
dos veces por mes	**twice a month**	[twaɪs ə mʌnθ]

año (m)	**year**	[jɪə]
este año	**this year**	[ðɪs jɪə]
el próximo año	**next year**	[nɛkst jɪə]
el año pasado	**last year**	[læst jɪə]

hace un año	**a year ago**	[ə jɪər ə'goʊ]
dentro de un año	**in a year**	[ɪn ə jɪə]
dentro de dos años	**in two years**	[ɪn tuː jɪəz]
todo el año	**the whole year**	[ðə 'hoʊl jɪə]
todo un año	**all year long**	[ɔːl jɪə lɔːŋ]
cada año	**every year**	['ɛvrɪ jɪə]
anual (adj)	**annual**	['ænjʊəl]

anualmente (adv)	**annually**	['ænjʊəlɪ]
cuatro veces por año	**4 times a year**	[fɔː taɪmz ə jɪə]
fecha (f) (la ~ de hoy es …)	**date**	[deɪt]
fecha (f) (~ de entrega)	**date**	[deɪt]
calendario (m)	**calendar**	['kælɪndə]
medio año (m)	**half a year**	[hæf ə jɪə]
seis meses	**six months**	[sɪks mʌnθs]
estación (f)	**season**	['siːzən]
siglo (m)	**century**	['sentʃərɪ]

T&P BOOKS

EL VIAJE. EL HOTEL

T&P Books Publishing

20. Las vacaciones. El viaje

turismo (m)	**tourism, travel**	['tʊrɪzəm], ['trævəl]
turista (m)	**tourist**	['tʊrɪst]
viaje (m)	**trip**	[trɪp]
aventura (f)	**adventure**	[əd'vɛntʃə]
viaje (m) (p.ej. ~ en coche)	**trip, journey**	[trɪp], ['dʒɜːnɪ]

vacaciones (f pl)	**vacation**	[və'keɪʃn]
estar de vacaciones	**to be on vacation**	[tʊ bi ɑːn və'keɪʃn]
descanso (m)	**rest**	[rɛst]

tren (m)	**train**	[treɪn]
en tren	**by train**	[baɪ treɪn]
avión (m)	**airplane**	['ɛəpleɪn]
en avión	**by airplane**	[baɪ 'ɛəpleɪn]
en coche	**by car**	[baɪ kɑː]
en barco	**by ship**	[baɪ ʃɪp]

equipaje (m)	**luggage**	['lʌgɪdʒ]
maleta (f)	**suitcase**	['suːtkeɪs]
carrito (m) de equipaje	**luggage cart**	['lʌgɪdʒ kɑːt]
pasaporte (m)	**passport**	['pæspɔːt]
visado (m)	**visa**	['viːzə]
billete (m)	**ticket**	['tɪkɪt]
billete (m) de avión	**air ticket**	['ɛə 'tɪkɪt]

guía (f) (libro)	**guidebook**	['gaɪdbʊk]
mapa (m)	**map**	[mæp]
área (f) (~ rural)	**area**	['ɛrɪə]
lugar (m)	**place, site**	[pleɪs], [saɪt]

exotismo (m)	**exotica**	[ɪg'zɑːtɪkə]
exótico (adj)	**exotic**	[ɪg'zɑːtɪk]
asombroso (adj)	**amazing**	[ə'meɪzɪŋ]

grupo (m)	**group**	[gruːp]
excursión (f)	**excursion**	[ɪk'skɜːʒn]
guía (m) (persona)	**guide**	[gaɪd]

21. El hotel

hotel (m), motel (m)	**hotel, inn**	[hoʊ'tel], [ɪn]
hotel (m)	**hotel**	[hoʊ'tɛl]

hotel (m)	**hotel**	[hoʊ'tɛl]
motel (m)	**motel**	[moʊ'tɛl]
de tres estrellas	**three-star**	[θri: stɑ:]
de cinco estrellas	**five-star**	[faɪv stɑ:]
hospedarse (vr)	**to stay** (vi)	[tʊ steɪ]
habitación (f)	**room**	[ru:m]
habitación (f) individual	**single room**	['sɪŋgl ru:m]
habitación (f) doble	**double room**	['dʌbl ru:m]
reservar una habitación	**to book a room**	[tʊ bʊk ə ru:m]
media pensión (f)	**half board**	[hæf bɔ:d]
pensión (f) completa	**full board**	[fʊl bɔ:d]
con baño	**with bath**	[wɪð bæθ]
con ducha	**with shower**	[wɪð 'ʃaʊə]
televisión (f) satélite	**satellite television**	['sætəlaɪt 'tɛlɪvɪʒn]
climatizador (m)	**air-conditioner**	[ɛə kən'dɪʃənə]
toalla (f)	**towel**	['taʊəl]
llave (f)	**key**	[ki:]
administrador (m)	**administrator**	[əd'mɪnɪstreɪtə]
camarera (f)	**chambermaid**	['ʧeɪmbə,meɪd]
maletero (m)	**porter, bellboy**	['pɔ:tə], ['bɛlbɔɪ]
portero (m)	**doorman**	['dɔ:mən]
restaurante (m)	**restaurant**	['rɛstərɑ:nt]
bar (m)	**pub, bar**	[pʌb], [bɑ:]
desayuno (m)	**breakfast**	['brɛkfəst]
cena (f)	**dinner**	['dɪnə]
buffet (m) libre	**buffet**	[bə'feɪ]
vestíbulo (m)	**lobby**	['lɑ:bɪ]
ascensor (m)	**elevator**	['ɛlɪveɪtə]
NO MOLESTAR	**DO NOT DISTURB**	[du nɑ:t dɪ'stɜ:b]
PROHIBIDO FUMAR	**NO SMOKING**	['noʊ 'smoʊkɪŋ]

22. El turismo. La excursión

monumento (m)	**monument**	['mɑ:njʊmənt]
fortaleza (f)	**fortress**	['fɔ:trəs]
palacio (m)	**palace**	['pælɪs]
castillo (m)	**castle**	['kæsl]
torre (f)	**tower**	['taʊə]
mausoleo (m)	**mausoleum**	[mɔ:zə'lɪəm]
arquitectura (f)	**architecture**	['ɑ:kɪtɛkʧə]
medieval (adj)	**medieval**	[mɪ'di:vəl]
antiguo (adj)	**ancient**	['eɪnʃənt]

nacional (adj)	**national**	['næʃnəl]
conocido (adj)	**famous**	['feɪməs]
turista (m)	**tourist**	['tʊrɪst]
guía (m) (persona)	**guide**	[gaɪd]
excursión (f)	**excursion**	[ɪk'skɜːʒn]
mostrar (vt)	**to show** (vt)	[tʊ 'ʃoʊ]
contar (una historia)	**to tell** (vt)	[tʊ tɛl]
encontrar (hallar)	**to find** (vt)	[tʊ faɪnd]
perderse (vr)	**to get lost**	[tʊ gɛt lɔːst]
plano (m) (~ de metro)	**map**	[mæp]
mapa (m) (~ de la ciudad)	**map**	[mæp]
recuerdo (m)	**souvenir, gift**	[suːvə'nɪə], [gɪft]
tienda (f) de regalos	**gift shop**	[gɪft ʃɑːp]
hacer fotos	**to take pictures**	[tʊ teɪk 'pɪktʃəz]
fotografiarse (vr)	**to have one's picture taken**	[tʊ hæv wʌnz 'pɪktʃə 'teɪkən]

EL TRANSPORTE

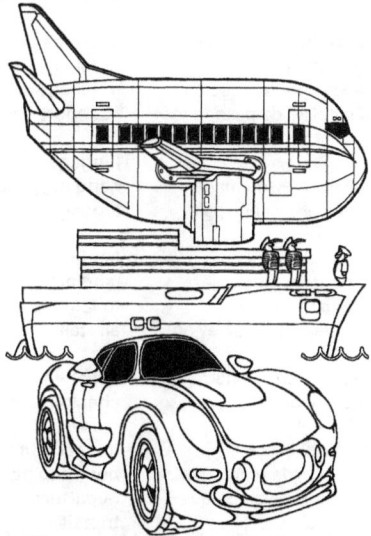

T&P Books Publishing

aeropuerto (m)	**airport**	['ɛəpɔ:t]
avión (m)	**airplane**	['ɛəpleɪn]
compañía (f) aérea	**airline**	['ɛəlaɪn]
controlador (m) aéreo	**air traffic controller**	['ɛə 'træfɪk kən'troʊlə]
despegue (m)	**departure**	[dɪ'pɑ:ʧə]
llegada (f)	**arrival**	[ə'raɪvl]
llegar (en avión)	**to arrive** (vi)	[tʊ ə'raɪv]
hora (f) de salida	**departure time**	[dɪ'pɑ:ʧə taɪm]
hora (f) de llegada	**arrival time**	[ə'raɪvl taɪm]
retrasarse (vr)	**to be delayed**	[tʊ bi dɪ'leɪd]
retraso (m) de vuelo	**flight delay**	[flaɪt dɪ'leɪ]
pantalla (f) de información	**information board**	[ɪnfə'meɪʃn bɔ:d]
información (f)	**information**	[ɪnfə'meɪʃn]
anunciar (vt)	**to announce** (vt)	[tʊ ə'naʊns]
vuelo (m)	**flight**	[flaɪt]
aduana (f)	**customs**	['kʌstəmz]
aduanero (m)	**customs officer**	['kʌstəmz 'ɔ:fɪsə]
declaración (f) de aduana	**customs declaration**	['kʌstəmz dɛklə'reɪʃn]
rellenar (vt)	**to fill out** (vt)	[tʊ fɪl 'aʊt]
rellenar la declaración	**to fill out the declaration**	[tʊ fɪl 'aʊt ðə dɛklə'reɪʃn]
control (m) de pasaportes	**passport control**	['pæspɔ:t kən'troʊl]
equipaje (m)	**luggage**	['lʌgɪʤ]
equipaje (m) de mano	**hand luggage**	[hænd 'lʌgɪʤ]
carrito (m) de equipaje	**luggage cart**	['lʌgɪʤ kɑ:t]
aterrizaje (m)	**landing**	['lændɪŋ]
pista (f) de aterrizaje	**landing strip**	['lændɪŋ strɪp]
aterrizar (vi)	**to land** (vi)	[tʊ lænd]
escaleras (f pl) (de avión)	**airstair**	[ɛə'stɛə]
facturación (f) (check-in)	**check-in**	[ʧɛk ɪn]
mostrador (m) de facturación	**check-in counter**	[ʧɛk ɪn 'kaʊntə]
hacer el check-in	**to check-in** (vi)	[tʊ ʧɛk ɪn]
tarjeta (f) de embarque	**boarding pass**	['bɔ:dɪŋ pæs]
puerta (f) de embarque	**departure gate**	[dɪ'pɑ:ʧə geɪt]
tránsito (m)	**transit**	['trænzɪt]

esperar (aguardar)	**to wait** (vt)	[tʊ weɪt]
zona (f) de preembarque	**departure lounge**	[dɪ'pɑːtʃə 'laʊndʒ]
despedir (vt)	**to see off**	[tʊ siː ɔːf]
despedirse (vr)	**to say goodbye**	[tʊ seɪ gʊd'baɪ]

24. El avión

avión (m)	**airplane**	['ɛəpleɪn]
billete (m) de avión	**air ticket**	['ɛə 'tɪkɪt]
compañía (f) aérea	**airline**	['ɛəlaɪn]
aeropuerto (m)	**airport**	['ɛəpɔːt]
supersónico (adj)	**supersonic**	[suːpə'sɑːnɪk]
comandante (m)	**captain**	['kæptɪn]
tripulación (f)	**crew**	[kruː]
piloto (m)	**pilot**	['paɪlət]
azafata (f)	**flight attendant**	[flaɪt ə'tɛndənt]
navegador (m)	**navigator**	['nævɪgeɪtə]
alas (f pl)	**wings**	[wɪŋz]
cola (f)	**tail**	[teɪl]
cabina (f)	**cockpit**	['kɑːkpɪt]
motor (m)	**engine**	['ɛndʒɪn]
tren (m) de aterrizaje	**landing gear**	['lændɪŋ gɪə]
turbina (f)	**turbine**	['tɜːbaɪn]
hélice (f)	**propeller**	[prə'pɛlə]
caja (f) negra	**black box**	[blæk bɑːks]
timón (m)	**yoke, control column**	[jɔʊk], [kən'trɔʊl 'kɑːləm]
combustible (m)	**fuel**	[fjuːəl]
instructivo (m) de seguridad	**safety card**	['seɪftɪ kɑːd]
respirador (m) de oxígeno	**oxygen mask**	['ɑːksɪdʒən mæsk]
uniforme (m)	**uniform**	['juːnɪfɔːm]
chaleco (m) salvavidas	**life vest**	['laɪf vɛst]
paracaídas (m)	**parachute**	['pærəʃuːt]
despegue (m)	**takeoff**	['teɪk 'ɔːf]
despegar (vi)	**to take off** (vi)	[tʊ teɪk ɔːf]
pista (f) de despegue	**runway**	['rʌnweɪ]
visibilidad (f)	**visibility**	[vɪzɪ'bɪlɪtɪ]
vuelo (m)	**flight**	[flaɪt]
altura (f)	**altitude**	['æltɪtuːd]
pozo (m) de aire	**air pocket**	[ɛə 'pɑːkɪt]
asiento (m)	**seat**	[siːt]
auriculares (m pl)	**headphones**	['hɛdfɔʊnz]
mesita (f) plegable	**folding tray**	['fɔʊldɪŋ treɪ]
ventana (f)	**window**	['wɪndɔʊ]
pasillo (m)	**aisle**	[aɪl]

25. El tren

tren (m)	train	[treɪn]
tren (m) de cercanías	commuter train	[kə'mjuːtə treɪn]
tren (m) rápido	express train	[ɪk'sprɛs treɪn]
locomotora (f) diésel	diesel locomotive	['diːzəl loʊkə'moʊtɪv]
tren (m) de vapor	steam locomotive	[stiːm loʊkə'moʊtɪv]
coche (m)	passenger car	['pæsɪndʒə kɑː]
coche (m) restaurante	dining car	['daɪnɪŋ kɑː]
rieles (m pl)	rails	[reɪlz]
ferrocarril (m)	railroad	['reɪlroʊd]
traviesa (f)	railway tie	['reɪlweɪ taɪ]
plataforma (f)	platform	['plætfɔːm]
vía (f)	track	[træk]
semáforo (m)	semaphore	['sɛməfɔː]
estación (f)	station	['steɪʃn]
maquinista (m)	engineer	[ɛndʒɪ'nɪə]
maletero (m)	porter	['pɔːtə]
mozo (m) del vagón	car attendant	[kɑːr ə'tɛndənt]
pasajero (m)	passenger	['pæsɪndʒə]
revisor (m)	conductor	[kən'dʌktə]
corredor (m)	corridor	['kɔːrɪdɔː]
freno (m) de urgencia	emergency brake	[ɪ'mɜːdʒənsɪ breɪk]
compartimiento (m)	compartment	[kəm'pɑːtmənt]
litera (f)	berth	[bɜːθ]
litera (f) de arriba	upper berth	['ʌpə bɜːθ]
litera (f) de abajo	lower berth	['loʊə bɜːθ]
ropa (f) de cama	bed linen, bedding	[bɛd 'lɪnɪn], ['bɛdɪŋ]
billete (m)	ticket	['tɪkɪt]
horario (m)	schedule	['skɛdʒʊl]
pantalla (f) de información	information display	[ɪnfə'meɪʃn dɪ'spleɪ]
partir (vi)	to leave, to depart	[tʊ liːv], [tʊ dɪ'pɑːt]
partida (f) (del tren)	departure	[dɪ'pɑːʧə]
llegar (tren)	to arrive (vi)	[tʊ ə'raɪv]
llegada (f)	arrival	[ə'raɪvl]
llegar en tren	to arrive by train	[tʊ ə'raɪv baɪ treɪn]
tomar el tren	to get on the train	[tʊ get ɑːn ðə treɪn]
bajar del tren	to get off the train	[tʊ get əv ðə treɪn]
descarrilamiento (m)	train wreck	[treɪn rɛk]
descarrilarse (vr)	to derail (vi)	[tʊ dɪ'reɪl]
tren (m) de vapor	steam locomotive	[stiːm loʊkə'moʊtɪv]

fogonero (m)	stoker, fireman	['stoʊkə], ['faɪəmən]
hogar (m)	firebox	['faɪəbɑːks]
carbón (m)	coal	['koʊl]

26. El barco

| barco, buque (m) | ship | [ʃɪp] |
| navío (m) | vessel | [vɛsl] |

buque (m) de vapor	steamship	['stiːmʃɪp]
motonave (f)	riverboat	['rɪvəboʊt]
trasatlántico (m)	cruise ship	[kruːz ʃɪp]
crucero (m)	cruiser	['kruːzə]

yate (m)	yacht	[jɑːt]
remolcador (m)	tugboat	['tʌgboʊt]
barcaza (f)	barge	[bɑːdʒ]
ferry (m)	ferry	['fɛrɪ]

| velero (m) | sailing ship | ['seɪlɪŋ ʃɪp] |
| bergantín (m) | brigantine | ['brɪgəntiːn] |

| rompehielos (m) | ice breaker | [aɪs 'breɪkə] |
| submarino (m) | submarine | [sʌbmə'riːn] |

bote (m) de remo	boat	['boʊt]
bote (m)	dinghy	['dɪŋgɪ]
bote (m) salvavidas	lifeboat	['laɪfboʊt]
lancha (f) motora	motorboat	['moʊtəboʊt]

capitán (m)	captain	['kæptɪn]
marinero (m)	seaman	['siːmən]
marino (m)	sailor	['seɪlə]
tripulación (f)	crew	[kruː]

contramaestre (m)	boatswain	['boʊtsweɪn]
grumete (m)	ship's boy	[ʃɪps bɔɪ]
cocinero (m) de abordo	cook	[kʊk]
médico (m) del buque	ship's doctor	[ʃɪps 'dɑːktə]

cubierta (f)	deck	[dɛk]
mástil (m)	mast	[mæst]
vela (f)	sail	[seɪl]

bodega (f)	hold	['hoʊld]
proa (f)	bow	['boʊ]
popa (f)	stern	[stɜːn]
remo (m)	oar	[ɔː]
hélice (f)	propeller	[prə'pɛlə]
camarote (m)	cabin	['kæbɪn]

sala (f) de oficiales	**wardroom**	[ˈwɔːdrʊm]
sala (f) de máquinas	**engine room**	[ˈɛndʒɪn rʊm]
puente (m) de mando	**bridge**	[brɪdʒ]
sala (f) de radio	**radio room**	[ˈreɪdɪoʊ rʊm]
onda (f)	**wave**	[weɪv]
cuaderno (m) de bitácora	**logbook**	[ˈlɔːgbʊk]
anteojo (m)	**spyglass**	[ˈspaɪɡlæs]
campana (f)	**bell**	[bɛl]
bandera (f)	**flag**	[flæg]
cabo (m) (maroma)	**hawser**	[ˈhɔːzə]
nudo (m)	**knot**	[nɑːt]
pasamano (m)	**deckrails**	[ˈdɛkreɪlz]
pasarela (f)	**gangway**	[ˈgæŋweɪ]
ancla (f)	**anchor**	[ˈæŋkə]
levar ancla	**to weigh anchor**	[tʊ weɪ ˈæŋkə]
echar ancla	**to drop anchor**	[tʊ drɑːp ˈæŋkə]
cadena (f) del ancla	**anchor chain**	[ˈæŋkə tʃeɪn]
puerto (m)	**port**	[pɔːt]
embarcadero (m)	**quay, wharf**	[kweɪ], [wɔːf]
amarrar (vt)	**to berth, to moor**	[tʊ bɜːθ], [tʊ mɔː]
desamarrar (vt)	**to cast off**	[tʊ kæst ɔːf]
viaje (m)	**trip**	[trɪp]
crucero (m) (viaje)	**cruise**	[kruːz]
derrota (f) (rumbo)	**course**	[kɔːs]
itinerario (m)	**route**	[ˈraʊt]
canal (m) navegable	**fairway**	[ˈfɛəweɪ]
bajío (m)	**shallows**	[ˈʃæloʊz]
encallar (vi)	**to run aground**	[tʊ rʌn əˈgraʊnd]
tempestad (f)	**storm**	[stɔːm]
señal (f)	**signal**	[ˈsɪɡnəl]
hundirse (vr)	**to sink** (vi)	[tʊ sɪŋk]
¡Hombre al agua!	**Man overboard!**	[mæn ˈoʊvəbɔːd]
SOS	**SOS**	[ɛs oʊ ɛs]
aro (m) salvavidas	**ring buoy**	[rɪŋ buːɪ]

LA CIUDAD

T&P Books Publishing

autobús (m)	bus	[bʌs]
tranvía (m)	streetcar	['striːtkɑː]
trolebús (m)	trolley bus	['trɑːlɪ bʌs]
itinerario (m)	route	['raʊt]
número (m)	number	['nʌmbə]

ir en ...	to go by ...	[tʊ 'goʊ baɪ ...]
tomar (~ el autobús)	to get on	[tʊ gɛt ɑːn]
bajar (~ del tren)	to get off	[tʊ gɛt ɔːf]

parada (f)	stop	[stɑːp]
próxima parada (f)	next stop	[nɛkst stɑːp]
parada (f) final	terminus	['tɜːmɪnəs]
horario (m)	schedule	['skɛdʒʊl]
esperar (aguardar)	to wait (vt)	[tʊ weɪt]

billete (m)	ticket	['tɪkɪt]
precio (m) del billete	fare	[fɛə]

cajero (m)	cashier	[kæ'ʃɪə]
control (m) de billetes	ticket inspection	['tɪkɪt ɪn'spɛkʃn]
revisor (m)	ticket inspector	['tɪkɪt ɪn'spɛktə]

llegar tarde (vi)	to be late	[tʊ bi 'leɪt]
perder (~ el tren)	to miss (vt)	[tʊ mɪs]
tener prisa	to be in a hurry	[tʊ bi ɪn ə 'hʌrɪ]

taxi (m)	taxi, cab	['tæksɪ], [kæb]
taxista (m)	taxi driver	['tæksɪ 'draɪvə]
en taxi	by taxi	[baɪ 'tæksɪ]
parada (f) de taxi	taxi stand	['tæksɪ stænd]
llamar un taxi	to call a taxi	[tʊ kɔːl ə 'tæksɪ]
tomar un taxi	to take a taxi	[tʊ teɪk ə 'tæksɪ]

tráfico (m)	traffic	['træfɪk]
atasco (m)	traffic jam	['træfɪk dʒæm]
horas (f pl) de punta	rush hour	['rʌʃ ˌaʊə]
aparcar (vi)	to park (vi)	[tʊ pɑːk]
aparcar (vt)	to park (vt)	[tʊ pɑːk]
aparcamiento (m)	parking lot	['pɑːkɪŋ lɑːt]

metro (m)	subway	['sʌbweɪ]
estación (f)	station	['steɪʃn]
ir en el metro	to take the subway	[tʊ teɪk ðə 'sʌbweɪ]

| tren (m) | **train** | [treɪn] |
| estación (f) | **train station** | [treɪn 'steɪʃn] |

28. La ciudad. La vida en la ciudad

ciudad (f)	**city, town**	['sɪtɪ], ['taʊn]
capital (f)	**capital**	['kæpɪtəl]
aldea (f)	**village**	['vɪlɪdʒ]

plano (m) de la ciudad	**city map**	['sɪtɪ mæp]
centro (m) de la ciudad	**downtown**	['daʊn,taʊn]
suburbio (m)	**suburb**	['sʌbɜːb]
suburbano (adj)	**suburban**	[sə'bɜːbən]

arrabal (m)	**outskirts**	['aʊtskɜːts]
afueras (f pl)	**environs**	[ɪn'vaɪrənz]
barrio (m)	**city block**	['sɪtɪ blɑːk]
zona (f) de viviendas	**residential block**	[rɛzɪ'dɛnʃəl blɑːk]

tráfico (m)	**traffic**	['træfɪk]
semáforo (m)	**traffic lights**	['træfɪk laɪts]
transporte (m) urbano	**public transportation**	['pʌblɪk trænspɔː'teɪʃn]
cruce (m)	**intersection**	['ɪntəsɛkʃn]

paso (m) de peatones	**crosswalk**	['krɔːswɔːk]
paso (m) subterráneo	**pedestrian underpass**	[pə'dɛstrɪən 'ʌndəpɑːs]
cruzar (vt)	**to cross** (vt)	[tʊ krɔːs]
peatón (m)	**pedestrian**	[pə'dɛstrɪən]
acera (f)	**sidewalk**	['saɪdwɔːk]

puente (m)	**bridge**	[brɪdʒ]
muelle (m)	**embankment**	[ɪm'bæŋkmənt]
fuente (f)	**fountain**	['faʊntɪn]

alameda (f)	**allée**	['aleɪ]
parque (m)	**park**	[pɑːk]
bulevar (m)	**boulevard**	['buːləvɑːd]
plaza (f)	**square**	[skwɛə]
avenida (f)	**avenue**	['ævənuː]
calle (f)	**street**	[striːt]
callejón (m)	**side street**	[saɪd striːt]
callejón (m) sin salida	**dead end**	[dɛd ɛnd]

casa (f)	**house**	['haʊs]
edificio (m)	**building**	['bɪldɪŋ]
rascacielos (m)	**skyscraper**	['skaɪ,skreɪpə]

fachada (f)	**facade**	[fə'sɑːd]
techo (m)	**roof**	[ruːf]
ventana (f)	**window**	['wɪndoʊ]

arco (m)	arch	[ɑːʧ]
columna (f)	column	['kɑːləm]
esquina (f)	corner	['kɔːnə]

escaparate (f)	store window	[stɔː 'wɪndoʊ]
letrero (m) (~ luminoso)	signboard	['saɪnbɔːd]
cartel (m)	poster	['poʊstə]
cartel (m) publicitario	advertising poster	['ædvətaɪzɪŋ 'poʊstə]
valla (f) publicitaria	billboard	['bɪlbɔːd]

basura (f)	garbage, trash	['gɑːbɪʤ], [træʃ]
cajón (m) de basura	trash can	['træʃkæn]
tirar basura	to litter (vi)	[tʊ 'lɪtə]
basurero (m)	garbage dump	['gɑːbɪʤ dʌmp]

cabina (f) telefónica	phone booth	['foʊn buːθ]
farola (f)	street light	['striːt laɪt]
banco (m) (del parque)	bench	[bɛnʧ]

policía (m)	police officer	[pə'liːs 'ɔːfɪsə]
policía (f) (~ nacional)	police	[pə'liːs]
mendigo (m)	beggar	['bɛgə]
persona (f) sin hogar	homeless	['hoʊmləs]

29. Las instituciones urbanas

tienda (f)	store	[stɔː]
farmacia (f)	drugstore, pharmacy	['drʌgstɔː], ['fɑːməsɪ]
óptica (f)	eyeglass store	['aɪglæs stɔː]
centro (m) comercial	shopping mall	['ʃɑːpɪŋ mɔːl]
supermercado (m)	supermarket	['suːpəmɑːkɪt]

panadería (f)	bakery	['beɪkərɪ]
panadero (m)	baker	['beɪkə]
pastelería (f)	pastry shop	['peɪstrɪ ʃɑːp]
tienda (f) de comestibles	grocery store	['groʊsərɪ stɔː]
carnicería (f)	butcher shop	['bʊʧə ʃɑːp]

| verdulería (f) | produce store | ['prəʊduːs stɔː] |
| mercado (m) | market | ['mɑːkɪt] |

cafetería (f)	coffee house	['kɔːfɪ 'haʊs]
restaurante (m)	restaurant	['rɛstərɑːnt]
cervecería (f)	pub, bar	[pʌb], [bɑː]
pizzería (f)	pizzeria	[piːtsə'rɪə]

peluquería (f)	hair salon	['hɛə sə'lɑn]
oficina (f) de correos	post office	['poʊst 'ɔːfɪs]
tintorería (f)	dry cleaners	[draɪ 'kliːnəz]
estudio (m) fotográfico	photo studio	['foʊtoʊ 'stuːdɪoʊ]

zapatería (f)	shoe store	['ʃuː stɔː]
librería (f)	bookstore	['bʊkstɔː]
tienda (f) deportiva	sporting goods store	['spɔːtɪŋ gʊdz stɔː]

arreglos (m pl) de ropa	clothes repair shop	['kloʊðz rɪ'pɛə ʃɑːp]
alquiler (m) de ropa	formal wear rental	['fɔːməl wɛə 'rɛntəl]
videoclub (m)	video rental store	['vɪdɪoʊ 'rɛntəl stɔː]

circo (m)	circus	['sɜːkəs]
zoológico (m)	zoo	[zuː]
cine (m)	movie theater	['muːvɪ 'θɪətə]
museo (m)	museum	[mjʊ'ziːəm]
biblioteca (f)	library	['laɪbrərɪ]

teatro (m)	theater	['θɪətə]
ópera (f)	opera	['ɑːpərə]
club (m) nocturno	nightclub	['naɪtklʌb]
casino (m)	casino	[kə'siːnoʊ]

mezquita (f)	mosque	[mɑːsk]
sinagoga (f)	synagogue	['sɪnəgɑːg]
catedral (f)	cathedral	[kə'θiːdrəl]
templo (m)	temple	['tɛmpl]
iglesia (f)	church	[tʃɜːtʃ]

instituto (m)	college	['kɑːlɪdʒ]
universidad (f)	university	[juːnɪ'vɜːsətɪ]
escuela (f)	school	[skuːl]

prefectura (f)	prefecture	['priːfɛktʃə]
alcaldía (f)	city hall	['sɪtɪ hɔːl]
hotel (m)	hotel	[hoʊ'tɛl]
banco (m)	bank	[bæŋk]

embajada (f)	embassy	['ɛmbəsɪ]
agencia (f) de viajes	travel agency	['trævəl 'eɪdʒənsɪ]
oficina (f) de información	information office	[ɪnfə'meɪʃn 'ɔːfɪs]
oficina (f) de cambio	currency exchange	['kʌrənsɪ ɪks'tʃeɪndʒ]

| metro (m) | subway | ['sʌbweɪ] |
| hospital (m) | hospital | ['hɑːspɪtəl] |

| gasolinera (f) | gas station | [gæs 'steɪʃn] |
| aparcamiento (m) | parking lot | ['pɑːkɪŋ lɑːt] |

30. Los avisos

letrero (m) (~ luminoso)	signboard	['saɪnbɔːd]
cartel (m) (texto escrito)	notice	['noʊtɪs]
pancarta (f)	poster	['poʊstə]

señal (m) de dirección	**direction sign**	[dɪˈrɛkʃn saɪn]
flecha (f) (signo)	**arrow**	[ˈærou]
advertencia (f)	**caution**	[ˈkɔːʃn]
aviso (m)	**warning sign**	[ˈwɔːnɪŋ saɪn]
advertir (vt)	**to warn** (vt)	[tu wɔːn]
día (m) de descanso	**rest day**	[rɛst deɪ]
horario (m)	**timetable**	[ˈtaɪmˌteɪbl]
horario (m) de apertura	**opening hours**	[ˈoupənɪŋ ˈauəz]
¡BIENVENIDOS!	**WELCOME!**	[ˈwɛlkəm]
ENTRADA	**ENTRANCE**	[ˈɛntrəns]
SALIDA	**EXIT**	[ˈɛksɪt]
EMPUJAR	**PUSH**	[puʃ]
TIRAR	**PULL**	[pul]
ABIERTO	**OPEN**	[ˈoupən]
CERRADO	**CLOSED**	[ˈklouzd]
MUJERES	**WOMEN**	[ˈwɪmɪn]
HOMBRES	**MEN**	[mɛn]
REBAJAS	**DISCOUNTS**	[ˈdɪskaunts]
SALDOS	**SALE**	[seɪl]
NOVEDAD	**NEW!**	[nuː]
GRATIS	**FREE**	[friː]
¡ATENCIÓN!	**ATTENTION!**	[əˈtɛnʃn]
COMPLETO	**NO VACANCIES**	[ˈnou ˈveɪkənsɪz]
RESERVADO	**RESERVED**	[rɪˈzɜːvd]
ADMINISTRACIÓN	**ADMINISTRATION**	[ədmɪnɪˈstreɪʃn]
SÓLO PERSONAL AUTORIZADO	**STAFF ONLY**	[stæf ˈounlɪ]
CUIDADO CON EL PERRO	**BEWARE OF THE DOG!**	[bɪˈwɛə əv ðə dɔːg]
PROHIBIDO FUMAR	**NO SMOKING**	[ˈnou ˈsmoukɪŋ]
NO TOCAR	**DO NOT TOUCH!**	[də nɑːt tʌtʃ]
PELIGROSO	**DANGEROUS**	[ˈdeɪndʒərəs]
PELIGRO	**DANGER**	[ˈdeɪndʒə]
ALTA TENSIÓN	**HIGH VOLTAGE**	[haɪ ˈvoultɪdʒ]
PROHIBIDO BAÑARSE	**NO SWIMMING!**	[ˈnou ˈswɪmɪŋ]
NO FUNCIONA	**OUT OF ORDER**	[ˈaut əv ˈɔːdə]
INFLAMABLE	**FLAMMABLE**	[ˈflæməbl]
PROHIBIDO	**FORBIDDEN**	[fəˈbɪdən]
PROHIBIDO EL PASO	**NO TRESPASSING!**	[ˈnou ˈtrɛspəsɪŋ]
RECIÉN PINTADO	**WET PAINT**	[wet peɪnt]

31. Las compras

comprar (vt)	**to buy** (vt)	[tʊ baɪ]
compra (f)	**purchase**	[ˈpɜ:ʧəs]
hacer compras	**to go shopping**	[tʊ ˈgoʊ ˈʃɑ:pɪŋ]
compras (f pl)	**shopping**	[ˈʃɑ:pɪŋ]
estar abierto (tienda)	**to be open**	[tʊ bi ˈoʊpən]
estar cerrado	**to be closed**	[tʊ bi ˈkloʊzd]
calzado (m)	**footwear, shoes**	[ˈfʊtwɛə], [ʃu:z]
ropa (f)	**clothes, clothing**	[ˈkloʊðz], [ˈkloʊðɪŋ]
cosméticos (m pl)	**cosmetics**	[kazˈmɛtɪks]
productos alimenticios	**food products**	[fu:d ˈprɑ:dʌkts]
regalo (m)	**gift, present**	[gɪft], [ˈprɛzənt]
vendedor (m)	**salesman**	[ˈseɪlzmən]
vendedora (f)	**saleswoman**	[ˈseɪlzˌwʊmən]
caja (f)	**check out, cash desk**	[ʧɛk aʊt], [kæʃ dɛsk]
espejo (m)	**mirror**	[ˈmɪrə]
mostrador (m)	**counter**	[ˈkaʊntə]
probador (m)	**fitting room**	[ˈfɪtɪŋ rʊm]
probar (un vestido)	**to try on** (vt)	[tʊ traɪ ɑ:n]
quedar (una ropa, etc.)	**to fit** (vt)	[tʊ fɪt]
gustar (vi)	**to like** (vt)	[tʊ laɪk]
precio (m)	**price**	[praɪs]
etiqueta (f) de precio	**price tag**	[ˈpraɪs tæg]
costar (vt)	**to cost** (vt)	[tʊ kɔ:st]
¿Cuánto?	**How much?**	[ˈhaʊ ˈmʌʧ]
descuento (m)	**discount**	[ˈdɪskaʊnt]
no costoso (adj)	**inexpensive**	[ɪnɪkˈspɛnsɪv]
barato (adj)	**cheap**	[ʧi:p]
caro (adj)	**expensive**	[ɪkˈspɛnsɪv]
Es caro	**It's expensive**	[ɪts ɪkˈspɛnsɪv]
alquiler (m)	**rental**	[ˈrɛntəl]
alquilar (vt)	**to rent** (vt)	[tʊ rɛnt]
crédito (m)	**credit**	[ˈkrɛdɪt]
a crédito (adv)	**on credit**	[ɑ:n ˈkrɛdɪt]

T&P BOOKS

LA ROPA Y
LOS ACCESORIOS

T&P Books Publishing

ropa (f)	**clothes**	['klouðz]
ropa (f) de calle	**outerwear**	['autəwɛə]
ropa (f) de invierno	**winter clothing**	['wıntə 'klouðıŋ]
abrigo (m)	**coat, overcoat**	['kout], ['ouvəkout]
abrigo (m) de piel	**fur coat**	[fɜ: 'kout]
abrigo (m) corto de piel	**fur jacket**	[fɜ: 'dʒækıt]
chaqueta (f) plumón	**down coat**	['daun 'kout]
cazadora (f)	**jacket**	['dʒækıt]
impermeable (m)	**raincoat**	['reınkout]
impermeable (adj)	**waterproof**	['wɔ:təpru:f]

camisa (f)	**shirt**	[ʃɜ:t]
pantalones (m pl)	**pants**	[pænts]
jeans, vaqueros (m pl)	**jeans**	[dʒi:nz]
chaqueta (f), saco (m)	**jacket**	['dʒækıt]
traje (m)	**suit**	[su:t]
vestido (m)	**dress**	[drɛs]
falda (f)	**skirt**	[skɜ:t]
blusa (f)	**blouse**	['blauz]
rebeca (f),	**knitted jacket**	['nıtıd 'dʒækıt]
chaqueta (f) de punto		
chaqueta (f)	**jacket**	['dʒækıt]
camiseta (f) (T-shirt)	**T-shirt**	['ti:ʃɜ:t]
pantalones (m pl) cortos	**shorts**	[ʃɔ:ts]
traje (m) deportivo	**tracksuit**	['træksu:t]
bata (f) de baño	**bathrobe**	['bæθroub]
pijama (m)	**pajamas**	[pə'dʒɑ:məz]
suéter (m)	**sweater**	['swɛtə]
pulóver (m)	**pullover**	['pulouvə]
chaleco (m)	**vest**	[vɛst]
frac (m)	**tailcoat**	['teılkout]
esmoquin (m)	**tuxedo**	[tʌk'si:dou]
uniforme (m)	**uniform**	['junıfɔ:m]
ropa (f) de trabajo	**workwear**	['wɜ:kwɛə]

| mono (m) | overalls | ['oʊvərɔ:lz] |
| bata (f) (p. ej. ~ blanca) | coat | ['koʊt] |

34. La ropa. La ropa interior

ropa (f) interior	underwear	['ʌndəwɛə]
bóxer (m)	boxers, briefs	['bɑ:ksərz], [bri:fs]
bragas (f pl)	panties	['pæntɪz]
camiseta (f) interior	undershirt	['ʌndəʃɜ:t]
calcetines (m pl)	socks	[sɑ:ks]
camisón (m)	nightdress	['naɪtdrɛs]
sostén (m)	bra	[brɑ:]
calcetines (m pl) altos	knee highs	[ni: haɪs]
pantimedias (f pl)	pantyhose	['pæntɪhoʊz]
medias (f pl)	stockings	['stɑ:kɪŋz]
traje (m) de baño	bathing suit	['beɪðɪŋ su:t]

35. Gorras

gorro (m)	hat	[hæt]
sombrero (m) de fieltro	fedora	[fɪ'dɔ:rə]
gorra (f) de béisbol	baseball cap	['beɪsbɔ:l kæp]
gorra (f) plana	flatcap	[flæt kæp]
boina (f)	beret	[bə'reɪ]
capuchón (m)	hood	[hʊd]
panamá (m)	panama	['pænəmɑ:]
gorro (m) de punto	knit cap, knitted hat	[nɪt kæp], ['nɪtɪd hæt]
pañuelo (m)	headscarf	['hɛdskɑ:f]
sombrero (m) de mujer	women's hat	['wɪmɪns hæt]
casco (m) (~ protector)	hard hat	[hɑ:d hæt]
gorro (m) de campaña	garrison cap	['gærɪsən kæp]
casco (m) (~ de moto)	helmet	['hɛlmɪt]
bombín (m)	derby	['dɜ:rbɪ]
sombrero (m) de copa	top hat	[tɑ:p hæt]

36. El calzado

calzado (m)	footwear	['fʊtwɛə]
botas (f pl)	shoes	[ʃu:z]
zapatos (m pl) (~ de tacón bajo)	shoes	[ʃu:z]

botas (f pl) altas	**boots**	[bu:ts]
zapatillas (f pl)	**slippers**	['slɪpərz]
tenis (m pl)	**tennis shoes**	['tɛnɪs ʃu:z]
zapatillas (f pl) de lona	**sneakers**	['sni:kəz]
sandalias (f pl)	**sandals**	['sændəlz]
zapatero (m)	**cobbler, shoe repairer**	['kɑ:blə], [ʃu: rɪ'pɛərə]
tacón (m)	**heel**	[hi:l]
par (m)	**pair**	[pɛə]
cordón (m)	**shoestring**	['ʃu:strɪŋ]
encordonar (vt)	**to lace** (vt)	[tʊ leɪs]
calzador (m)	**shoe horn**	[ʃu: hɔ:rn]
betún (m)	**shoe polish**	[ʃu: 'pʊlɪʃ]

37. Accesorios personales

guantes (m pl)	**gloves**	[glʌvz]
manoplas (f pl)	**mittens**	['mɪtənz]
bufanda (f)	**scarf**	[skɑ:f]
gafas (f pl)	**glasses**	['glæsɪz]
montura (f)	**frame**	[freɪm]
paraguas (m)	**umbrella**	[ʌm'brɛlə]
bastón (m)	**walking stick**	['wɔ:kɪŋ stɪk]
cepillo (m) de pelo	**hairbrush**	['hɛəbrʌʃ]
abanico (m)	**fan**	[fæn]
corbata (f)	**tie**	[taɪ]
pajarita (f)	**bow tie**	['boʊ taɪ]
tirantes (m pl)	**suspenders**	[sə'spɛndəz]
moquero (m)	**handkerchief**	['hæŋkətʃɪf]
peine (m)	**comb**	['koʊm]
pasador (m) de pelo	**barrette**	[bæ'rɛt]
horquilla (f)	**hairpin**	['hɛəpɪn]
hebilla (f)	**buckle**	['bʌkl]
cinturón (m)	**belt**	[bɛlt]
correa (f) (de bolso)	**shoulder strap**	['ʃoʊldə stræp]
bolsa (f)	**bag**	[bæg]
bolso (m)	**purse**	[pɜ:rs]
mochila (f)	**backpack**	['bækpæk]

38. La ropa. Miscelánea

| moda (f) | **fashion** | ['fæʃn] |
| de moda (adj) | **in vogue** | [ɪn 'voʊg] |

diseñador (m) de moda	fashion designer	['fæʃn dɪ'zaɪnə]
cuello (m)	collar	['kɑːlə]
bolsillo (m)	pocket	['pɑːkɪt]
de bolsillo (adj)	pocket	['pɑːkɪt]
manga (f)	sleeve	[sliːv]
presilla (f)	hanging loop	['hæŋɪŋ luːp]
bragueta (f)	fly	[flaɪ]

cremallera (f)	zipper	['zɪpə]
cierre (m)	fastener	['fɑːsənə]
botón (m)	button	['bʌtn]
ojal (m)	buttonhole	['bʌtnhoʊl]
saltar (un botón)	to come off	[tʊ kʌm ɔːf]

coser (vi, vt)	to sew (vi, vt)	[tʊ 'soʊ]
bordar (vt)	to embroider (vi, vt)	[tʊ ɪm'brɔɪdə]
bordado (m)	embroidery	[ɪm'brɔɪdərɪ]
aguja (f)	sewing needle	['soʊɪŋ 'niːdl]
hilo (m)	thread	[θrɛd]
costura (f)	seam	[siːm]

ensuciarse (vr)	to get dirty (vi)	[tʊ gɛt 'dɜːtɪ]
mancha (f)	stain	[steɪn]
arrugarse (vr)	to crease, to crumple (vi)	[tʊ kriːs], [tʊ 'krʌmpl]
rasgar (vt)	to tear, to rip (vt)	[tʊ tɛə], [tʊ rɪp]
polilla (f)	clothes moth	['kloʊðz mɔːθ]

39. Productos personales. Cosméticos

pasta (f) de dientes	toothpaste	['tuːθpeɪst]
cepillo (m) de dientes	toothbrush	['tuːθbrʌʃ]
limpiarse los dientes	to brush one's teeth	[tʊ brʌʃ wʌns tiːθ]

maquinilla (f) de afeitar	razor	['reɪzə]
crema (f) de afeitar	shaving cream	['ʃeɪvɪŋ kriːm]
afeitarse (vr)	to shave (vi)	[tʊ ʃeɪv]

| jabón (m) | soap | ['soʊp] |
| champú (m) | shampoo | [ʃæm'puː] |

tijeras (f pl)	scissors	['sɪzəz]
lima (f) de uñas	nail file	[neɪl faɪl]
cortaúñas (m pl)	nail clippers	[neɪl 'klɪpərz]
pinzas (f pl)	tweezers	['twiːzəz]

cosméticos (m pl)	cosmetics	[kaz'mɛtɪks]
mascarilla (f)	facial mask	['feɪʃəl mɑːsk]
manicura (f)	manicure	['mænɪkjʊə]
hacer la manicura	to have a manicure	[tʊ hæv ə 'mænɪkjʊə]
pedicura (f)	pedicure	['pɛdɪkjʊə]

bolsa (f) de maquillaje	**make-up bag**	['meɪk ʌp bæg]
polvos (m pl)	**face powder**	[feɪs 'paʊdə]
polvera (f)	**powder compact**	['paʊdə 'kɑːmpækt]
colorete (m), rubor (m)	**blusher**	['blʌʃə]
perfume (m)	**perfume**	[pə'fjuːm]
agua (f) de tocador	**toilet water**	['tɔɪlɪt 'wɔːtə]
loción (f)	**lotion**	['loʊʃn]
agua (f) de Colonia	**cologne**	[kə'loʊn]
sombra (f) de ojos	**eyeshadow**	['aɪˌʃædoʊ]
lápiz (m) de ojos	**eyeliner**	['aɪˌlaɪnə]
rímel (m)	**mascara**	[mæs'kærə]
pintalabios (m)	**lipstick**	['lɪpstɪk]
esmalte (m) de uñas	**nail polish**	[neɪl 'poʊlɪʃ]
fijador (m) para el pelo	**hair spray**	[hɛə spreɪ]
desodorante (m)	**deodorant**	[dɪ'oʊdərənt]
crema (f)	**cream**	[kriːm]
crema (f) de belleza	**face cream**	[feɪs kriːm]
crema (f) de manos	**hand cream**	[hænd kriːm]
crema (f) antiarrugas	**anti-wrinkle cream**	['æntɪ 'rɪŋkəl kriːm]
crema (f) de día	**day cream**	[deɪ kriːm]
crema (f) de noche	**night cream**	[naɪt kriːm]
de día (adj)	**day**	[deɪ]
de noche (adj)	**night**	[naɪt]
tampón (m)	**tampon**	['tæmpɑːn]
papel (m) higiénico	**toilet paper**	['tɔɪlɪt 'peɪpə]
secador (m) de pelo	**hair dryer**	['hɛə 'draɪə]

40. Los relojes

reloj (m)	**watch**	[wɑːtʃ]
esfera (f)	**dial**	['daɪəl]
aguja (f)	**hand**	[hænd]
pulsera (f)	**bracelet**	['breɪslɪt]
correa (f) (del reloj)	**watch strap**	[wɑːtʃ stræp]
pila (f)	**battery**	['bætərɪ]
descargarse (vr)	**to be dead**	[tʊ bi dɛd]
cambiar la pila	**to change a battery**	[tʊ tʃeɪndʒ ə 'bætərɪ]
adelantarse (vr)	**to run fast**	[tʊ rʌn fæst]
retrasarse (vr)	**to run slow**	[tʊ rʌn 'sloʊ]
reloj (m) de pared	**wall clock**	[wɔːl klɑːk]
reloj (m) de arena	**hourglass**	['aʊəˌglæs]
reloj (m) de sol	**sundial**	['sʌndaɪəl]
despertador (m)	**alarm clock**	[ə'lɑːm klɑːk]

relojero (m)	**watchmaker**	[ˈwɑːtʃmeɪkə]
reparar (vt)	**to repair** (vt)	[tʊ rɪˈpɛə]

LA EXPERIENCIA DIARIA

T&P Books Publishing

dinero (m)	**money**	['mʌnɪ]
cambio (m)	**currency exchange**	['kʌrənsɪ ɪks'ʧeɪndʒ]
curso (m)	**exchange rate**	[ɪks'ʧeɪndʒ reɪt]
cajero (m) automático	**ATM**	[eɪti:'em]
moneda (f)	**coin**	[kɔɪn]
dólar (m)	**dollar**	['dɑːlə]
euro (m)	**euro**	['jʊroʊ]
lira (f)	**lira**	['lɪrə]
marco (m) alemán	**Deutschmark**	['dɔɪʧmɑːk]
franco (m)	**franc**	[fræŋk]
libra esterlina (f)	**pound sterling**	['paʊnd 'stɜːlɪŋ]
yen (m)	**yen**	[jɛn]
deuda (f)	**debt**	[dɛt]
deudor (m)	**debtor**	['dɛtə]
prestar (vt)	**to lend** (vt)	[tʊ lɛnd]
tomar prestado	**to borrow** (vt)	[tʊ 'bɑːroʊ]
banco (m)	**bank**	[bæŋk]
cuenta (f)	**account**	[ə'kaʊnt]
ingresar (~ en la cuenta)	**to deposit** (vt)	[tʊ dɪ'pɑːzɪt]
ingresar en la cuenta	**to deposit into the account**	[tʊ dɪ'pɑːzɪt 'ɪntʊ ði ə'kaʊnt]
sacar de la cuenta	**to withdraw** (vt)	[tʊ wɪð'drɔː]
tarjeta (f) de crédito	**credit card**	['krɛdɪt kɑːd]
dinero (m) en efectivo	**cash**	[kæʃ]
cheque (m)	**check**	[ʧɛk]
sacar un cheque	**to write a check**	[tʊ raɪt ə ʧɛk]
talonario (m)	**checkbook**	['ʧɛkbʊk]
cartera (f)	**wallet**	['wɑːlɪt]
monedero (m)	**change purse**	[ʧeɪndʒ pɜːs]
caja (f) fuerte	**safe**	[seɪf]
heredero (m)	**heir**	[ɛə]
herencia (f)	**inheritance**	[ɪn'hɛrɪtəns]
fortuna (f)	**fortune**	['fɔːʧuːn]
arriendo (m)	**lease**	[liːs]
alquiler (m) (dinero)	**rent**	[rɛnt]
alquilar (~ una casa)	**to rent** (vt)	[tʊ rɛnt]
precio (m)	**price**	[praɪs]

| coste (m) | cost | [kɔːst] |
| suma (f) | sum | [sʌm] |

gastar (vt)	to spend (vt)	[tʊ spend]
gastos (m pl)	expenses	[ɪk'spensɪz]
economizar (vi, vt)	to economize (vi, vt)	[tʊ ɪ'kɑːnəmaɪz]
económico (adj)	economical	[iːkə'nɑːmɪkəl]

pagar (vi, vt)	to pay (vi, vt)	[tʊ peɪ]
pago (m)	payment	['peɪmənt]
cambio (m) (devolver el ~)	change	[ʧeɪnʤ]

impuesto (m)	tax	[tæks]
multa (f)	fine	[faɪn]
multar (vt)	to fine (vt)	[tʊ faɪn]

42. La oficina de correos

oficina (f) de correos	post office	['poʊst 'ɔːfɪs]
correo (m) (cartas, etc.)	mail	[meɪl]
cartero (m)	mailman	['meɪlmən]
horario (m) de apertura	opening hours	['oʊpənɪŋ 'aʊəz]

carta (f)	letter	['lɛtə]
carta (f) certificada	registered letter	['rɛʤɪstəd 'lɛtə]
tarjeta (f) postal	postcard	['poʊstkɑːd]
telegrama (m)	telegram	['tɛlɪgræm]
paquete (m) postal	package, parcel	['pækɪʤ], ['pɑːsəl]
giro (m) postal	money transfer	['mʌnɪ 'trænsfɜː]

recibir (vt)	to receive (vt)	[tʊ rɪ'siːv]
enviar (vt)	to send (vt)	[tʊ sɛnd]
envío (m)	sending	['sɛndɪŋ]
dirección (f)	address	[ə'drɛs]
código (m) postal	ZIP code	[zɪp 'koʊd]
expedidor (m)	sender	['sɛndə]
destinatario (m)	receiver	[rɪ'siːvə]

| nombre (m) | first name | [fɜːst neɪm] |
| apellido (m) | surname, last name | ['sɜːneɪm], [læst neɪm] |

tarifa (f)	rate	[reɪt]
ordinario (adj)	standard	['stændəd]
económico (adj)	economical	[iːkə'nɑːmɪkəl]

peso (m)	weight	[weɪt]
pesar (~ una carta)	to weigh (vt)	[tʊ weɪ]
sobre (m)	envelope	['ɛnvəloʊp]
sello (m)	postage stamp	['poʊstɪʤ stæmp]
poner un sello	to stamp an envelope	[tʊ stæmp ən 'ɛnvəloʊp]

43. La banca

banco (m)	**bank**	[bæŋk]
sucursal (f)	**branch**	[bræntʃ]
consultor (m)	**clerk, consultant**	[klɜ:k], [kən'sʌltənt]
gerente (m)	**manager**	['mænɪdʒə]
cuenta (f)	**bank account**	[bæŋk ə'kaʊnt]
numero (m) de la cuenta	**account number**	[ə'kaʊnt 'nʌmbə]
cuenta (f) corriente	**checking account**	['tʃɛkɪŋ ə'kaʊnt]
cuenta (f) de ahorros	**savings account**	['seɪvɪŋz ə'kaʊnt]
abrir una cuenta	**to open an account**	[tʊ 'oʊpən ən ə'kaʊnt]
cerrar la cuenta	**to close the account**	[tʊ 'kloʊz ði ə'kaʊnt]
ingresar en la cuenta	**to deposit into the account**	[tʊ dɪ'pɑ:zɪt 'ɪntʊ ði ə'kaʊnt]
sacar de la cuenta	**to withdraw** (vt)	[tʊ wɪð'drɔ:]
depósito (m)	**deposit**	[dɪ'pɑ:zɪt]
hacer un depósito	**to make a deposit**	[tʊ meɪk ə dɪ'pɑ:zɪt]
giro (m) bancario	**wire transfer**	['waɪə 'trænsfɜ:]
hacer un giro	**to wire, to transfer**	[tʊ 'waɪə], [tʊ træns'fɜ:]
suma (f)	**sum**	[sʌm]
¿Cuánto?	**How much?**	['haʊ 'mʌtʃ]
firma (f) (nombre)	**signature**	['sɪgnətʃə]
firmar (vt)	**to sign** (vt)	[tʊ saɪn]
tarjeta (f) de crédito	**credit card**	['krɛdɪt kɑ:d]
código (m)	**code**	['koʊd]
número (m) de tarjeta de crédito	**credit card number**	['krɛdɪt kɑ:d 'nʌmbə]
cajero (m) automático	**ATM**	[eɪti:'em]
cheque (m)	**check**	[tʃɛk]
sacar un cheque	**to write a check**	[tʊ raɪt ə tʃɛk]
talonario (m)	**checkbook**	['tʃɛkbʊk]
crédito (m)	**loan**	['loʊn]
pedir el crédito	**to apply for a loan**	[tʊ ə'plaɪ fɔ:rə 'loʊn]
obtener un crédito	**to get a loan**	[tʊ gɛt ə 'loʊn]
conceder un crédito	**to give a loan**	[tʊ gɪv ə 'loʊn]
garantía (f)	**guarantee**	[gærən'ti:]

44. El teléfono. Las conversaciones telefónicas

teléfono (m)	**telephone**	['tɛlɪfoʊn]
teléfono (m) móvil	**cell phone**	['sɛlfoʊn]

contestador (m)	answering machine	['ɑ:nsərɪŋ mə'ʃi:n]
llamar, telefonear	to call (vi, vt)	[tʊ kɔ:l]
llamada (f)	phone call	['foʊn kɔ:l]

marcar un número	to dial a number	[tʊ 'daɪəl ə 'nʌmbə]
¿Sí?, ¿Dígame?	Hello!	[hə'loʊ]
preguntar (vt)	to ask (vt)	[tʊ æsk]
responder (vi, vt)	to answer (vi, vt)	[tʊ 'ænsə]

oír (vt)	to hear (vt)	[tʊ hɪə]
bien (adv)	well	[wɛl]
mal (adv)	not well	[nɑ:t wɛl]
ruidos (m pl)	noises	['nɔɪzɪz]

auricular (m)	receiver	[rɪ'si:və]
descolgar (el teléfono)	to pick up the phone	[tʊ pɪk ʌp ðə 'foʊn]
colgar el auricular	to hang up	[tʊ hæŋg ʌp]

ocupado (adj)	busy	['bɪzɪ]
sonar (teléfono)	to ring (vi)	[tʊ rɪŋ]
guía (f) de teléfonos	telephone book	['tɛlɪfoʊn bʊk]

local (adj)	local	['loʊkəl]
llamada (f) local	local call	['loʊkəl kɔ:l]
de larga distancia	long distance	[lɔ:ŋ 'dɪstəns]
llamada (f) de larga distancia	long distance call	[lɔ:ŋ 'dɪstəns kɔ:l]
internacional (adj)	international	[ˌɪntə'næʃnəl]
llamada (f) internacional	international call	[ˌɪntə'næʃnəl kɔ:l]

45. El teléfono celular

teléfono (m) móvil	cell phone	['sɛlfoʊn]
pantalla (f)	display	[dɪ'spleɪ]
botón (m)	button	['bʌtn]
tarjeta SIM (f)	SIM card	[sɪm kɑ:d]

pila (f)	battery	['bætərɪ]
descargarse (vr)	to be dead	[tʊ bi dɛd]
cargador (m)	charger	['ʧɑ:dʒə]

menú (m)	menu	['mɛnju:]
preferencias (f pl)	settings	['sɛtɪŋz]
melodía (f)	tune	[tu:n]
seleccionar (vt)	to select (vt)	[tʊ sɪ'lɛkt]

calculadora (f)	calculator	['kælkjʊleɪtə]
contestador (m)	voice mail	[vɔɪs meɪl]
despertador (m)	alarm clock	[ə'lɑ:m klɑ:k]
contactos (m pl)	contacts	['kɑ:ntækts]

mensaje (m) de texto	**SMS**	[ɛsɛm'ɛs]
abonado (m)	**subscriber**	[səb'skraɪbə]

46. Los artículos de escritorio. La papelería

bolígrafo (m)	**ballpoint pen**	['bɔ:lpɔɪnt pɛn]
pluma (f) estilográfica	**fountain pen**	['faʊntɪn pɛn]
lápiz (m)	**pencil**	['pɛnsl]
marcador (m)	**highlighter**	['haɪlaɪtə]
rotulador (m)	**felt-tip pen**	[fɛlt tɪp pɛn]
bloc (m) de notas	**notepad**	['noʊtpæd]
agenda (f)	**agenda**	[ə'dʒɛndə]
regla (f)	**ruler**	['ru:lə]
calculadora (f)	**calculator**	['kælkjʊleɪtə]
goma (f) de borrar	**eraser**	[ɪ'reɪsə]
chincheta (f)	**thumbtack**	['θʌmtæk]
clip (m)	**paper clip**	['peɪpə klɪp]
cola (f), pegamento (m)	**glue**	[glu:]
grapadora (f)	**stapler**	['steɪplə]
perforador (m)	**hole punch**	['hoʊl pʌntʃ]
sacapuntas (m)	**pencil sharpener**	['pɛnsl 'ʃɑ:pənə]

47. Los idiomas extranjeros

lengua (f)	**language**	['læŋgwɪdʒ]
extranjero (adj)	**foreign**	['fɔ:rən]
lengua (f) extranjera	**foreign language**	['fɔ:rən 'læŋgwɪdʒ]
estudiar (vt)	**to study** (vt)	[tʊ 'stʌdɪ]
aprender (ingles, etc.)	**to learn** (vt)	[tʊ lɜ:n]
leer (vi, vt)	**to read** (vi, vt)	[tʊ ri:d]
hablar (vi, vt)	**to speak** (vi, vt)	[tʊ spi:k]
comprender (vt)	**to understand** (vt)	[tʊ ʌndə'stænd]
escribir (vt)	**to write** (vt)	[tʊ raɪt]
rápidamente (adv)	**quickly, fast**	['kwɪklɪ], [fæst]
lentamente (adv)	**slowly**	['sloʊlɪ]
con fluidez (adv)	**fluently**	['flu:əntlɪ]
reglas (f pl)	**rules**	[ru:lz]
gramática (f)	**grammar**	['græmə]
vocabulario (m)	**vocabulary**	[və'kæbjələrɪ]
fonética (f)	**phonetics**	[fə'nɛtɪks]
manual (m)	**textbook**	['tɛkstbʊk]

diccionario (m)	**dictionary**	['dɪkʃənərɪ]
manual (m) autodidáctico	**teach-yourself book**	[ti:tʃ jɔ:'sɛlf bʊk]
guía (f) de conversación	**phrasebook**	['freɪzbʊk]
casete (m)	**cassette, tape**	[kæ'sɛt], [teɪp]
videocasete (f)	**videotape**	['vɪdɪoʊˌteɪp]
disco compacto, CD (m)	**CD, compact disc**	[si:'di:], [kəm'pækt dɪsk]
DVD (m)	**DVD**	[di:vi:'di:]
alfabeto (m)	**alphabet**	['ælfəbɛt]
deletrear (vt)	**to spell** (vt)	[tʊ spɛl]
pronunciación (f)	**pronunciation**	[prənʌnsɪ'eɪʃn]
acento (m)	**accent**	['æksɛnt]
con acento	**with an accent**	[wɪð ən 'æksɛnt]
sin acento	**without an accent**	[wɪ'ðaʊt ən 'æksɛnt]
palabra (f)	**word**	[wɜ:d]
significado (m)	**meaning**	['mi:nɪŋ]
cursos (m pl)	**course**	[kɔ:s]
inscribirse (vr)	**to sign up** (vi)	[tʊ saɪn ʌp]
profesor (m) (~ de inglés)	**teacher**	['ti:tʃə]
traducción (f) (proceso)	**translation**	[træns'leɪʃn]
traducción (f) (texto)	**translation**	[træns'leɪʃn]
traductor (m)	**translator**	[træns'leɪtə]
intérprete (m)	**interpreter**	[ɪn'tɜ:prɪtə]
políglota (m)	**polyglot**	['pɑ:lɪglɑ:t]
memoria (f)	**memory**	['mɛmərɪ]

LAS COMIDAS. EL RESTAURANTE

T&P Books Publishing

48. Los cubiertos

cuchara (f)	spoon	[spuːn]
cuchillo (m)	knife	[naɪf]
tenedor (m)	fork	[fɔːk]

taza (f)	cup	[kʌp]
plato (m)	plate	[pleɪt]
platillo (m)	saucer	['sɔːsə]
servilleta (f)	napkin	['næpkɪn]
mondadientes (m)	toothpick	['tuːθpɪk]

49. El restaurante

restaurante (m)	restaurant	['rɛstərɑːnt]
cafetería (f)	coffee house	['kɔːfɪ 'haʊs]
bar (m)	pub, bar	[pʌb], [bɑː]
salón (m) de té	tearoom	['tiːrʊm]

camarero (m)	waiter	['weɪtə]
camarera (f)	waitress	['weɪtrəs]
barman (m)	bartender	['bɑːrˌtɛndə]
carta (f), menú (m)	menu	['mɛnjuː]
carta (f) de vinos	wine list	['waɪn lɪst]
reservar una mesa	to book a table	[tʊ bʊk ə 'teɪbl]

plato (m)	course, dish	[kɔːs], [dɪʃ]
pedir (vt)	to order (vi, vt)	[tʊ 'ɔːdə]
hacer un pedido	to make an order	[tʊ meɪk ən 'ɔːdə]
aperitivo (m)	aperitif	[əpɛrə'tiːf]
entremés (m)	appetizer	['æpɪtaɪzə]
postre (m)	dessert	[dɪ'zɜːt]

cuenta (f)	check	[tʃɛk]
pagar la cuenta	to pay the check	[tʊ peɪ ðə tʃek]
dar la vuelta	to give change	[tʊ gɪv 'tʃeɪndʒ]
propina (f)	tip	[tɪp]

50. Las comidas

| comida (f) | food | [fuːd] |
| comer (vi, vt) | to eat (vi, vt) | [tʊ iːt] |

desayuno (m)	breakfast	['brɛkfəst]
desayunar (vi)	to have breakfast	[tʊ hæv 'brɛkfəst]
almuerzo (m)	lunch	[lʌntʃ]
almorzar (vi)	to have lunch	[tʊ hæv lʌntʃ]
cena (f)	dinner	['dɪnə]
cenar (vi)	to have dinner	[tʊ hæv 'dɪnə]

apetito (m)	appetite	['æpɪtaɪt]
¡Que aproveche!	Enjoy your meal!	[ɪn'dʒɔɪ jɔ: mi:l]

abrir (vt)	to open (vt)	[tʊ 'oʊpən]
derramar (líquido)	to spill (vt)	[tʊ spɪl]
derramarse (líquido)	to spill out (vi)	[tʊ spɪl 'aʊt]

hervir (vi)	to boil (vi)	[tʊ bɔɪl]
hervir (vt)	to boil (vt)	[tʊ bɔɪl]
hervido (agua ~a)	boiled	['bɔɪld]
enfriar (vt)	to chill, cool down (vt)	[tʊ tʃɪl], [ku:l 'daʊn]
enfriarse (vr)	to chill (vi)	[tʊ tʃɪl]

sabor (m)	taste, flavor	[teɪst], ['fleɪvə]
regusto (m)	aftertaste	['æftəteɪst]

adelgazar (vi)	to slim down	[tʊ slɪm 'daʊn]
dieta (f)	diet	['daɪət]
vitamina (f)	vitamin	['vaɪtəmɪn]
caloría (f)	calorie	['kælərɪ]
vegetariano (m)	vegetarian	[vɛdʒə'tɛrɪən]
vegetariano (adj)	vegetarian	[vɛdʒə'tɛrɪən]

grasas (f pl)	fats	[fæts]
proteínas (f pl)	proteins	['proʊti:nz]
carbohidratos (m pl)	carbohydrates	[kɑ:boʊ'haɪdreɪts]
loncha (f)	slice	[slaɪs]
pedazo (m)	piece	[pi:s]
miga (f)	crumb	[krʌm]

51. Los platos

plato (m)	course, dish	[kɔ:s], [dɪʃ]
cocina (f)	cuisine	[kwɪ'zi:n]
receta (f)	recipe	['rɛsəpɪ]
porción (f)	portion	['pɔ:ʃn]

ensalada (f)	salad	['sæləd]
sopa (f)	soup	[su:p]

caldo (m)	clear soup	[klɪə su:p]
bocadillo (m)	sandwich	['sænwɪtʃ]
huevos (m pl) fritos	fried eggs	[fraɪd ɛgz]

hamburguesa (f)	**hamburger**	['hæmbɜːgə]
bistec (m)	**steak**	[steɪk]

guarnición (f)	**side dish**	[saɪd dɪʃ]
espagueti (m)	**spaghetti**	[spə'gɛtɪ]
puré (m) de patatas	**mashed potatoes**	[mæʃt pə'teɪtoʊz]
pizza (f)	**pizza**	['pi:tsə]
gachas (f pl)	**porridge**	['pɔːrɪdʒ]
tortilla (f) francesa	**omelet**	['ɑːmlət]

cocido en agua (adj)	**boiled**	['bɔɪld]
ahumado (adj)	**smoked**	['smoʊkt]
frito (adj)	**fried**	[fraɪd]
seco (adj)	**dried**	[draɪd]
congelado (adj)	**frozen**	['froʊzn]
marinado (adj)	**pickled**	['pɪkəld]

azucarado, dulce (adj)	**sweet**	[swi:t]
salado (adj)	**salty**	['sɔːltɪ]
frío (adj)	**cold**	['koʊld]
caliente (adj)	**hot**	[hɑːt]
amargo (adj)	**bitter**	['bɪtə]
sabroso (adj)	**tasty**	['teɪstɪ]

cocer en agua	**to cook in boiling water**	[tʊ kʊk in 'bɔɪlɪŋ 'wɔːtə]
preparar (la cena)	**to cook** (vt)	[tʊ kʊk]
freír (vt)	**to fry** (vt)	[tʊ fraɪ]
calentar (vt)	**to heat up**	[tʊ hi:t ʌp]

salar (vt)	**to salt** (vt)	[tʊ sɔːlt]
poner pimienta	**to pepper** (vt)	[tʊ 'pɛpə]
rallar (vt)	**to grate** (vt)	[tʊ greɪt]
piel (f)	**peel**	[pi:l]
pelar (vt)	**to peel** (vt)	[tʊ pi:l]

52. La comida

carne (f)	**meat**	[mi:t]
gallina (f)	**chicken**	['tʃɪkɪn]
pollo (m)	**broiler**	['brɔɪlə]
pato (m)	**duck**	[dʌk]
ganso (m)	**goose**	[gu:s]
caza (f) menor	**game**	[geɪm]
pava (f)	**turkey**	['tɜːkɪ]

carne (f) de cerdo	**pork**	[pɔːk]
carne (f) de ternera	**veal**	[vi:l]
carne (f) de carnero	**lamb**	[læm]
carne (f) de vaca	**beef**	[bi:f]
conejo (m)	**rabbit**	['ræbɪt]

salchichón (m)	sausage	['sɔːsɪʤ]
salchicha (f)	vienna sausage	[vi'ɛnə 'sɔːsɪʤ]
beicon (m)	bacon	['beɪkən]
jamón (m)	ham	[hæm]
jamón (m) fresco	gammon	['gæmən]

paté (m)	pâté	['pæteɪ]
hígado (m)	liver	['lɪvə]
carne (f) picada	ground meat	['graʊnd miːt]
lengua (f)	tongue	[tʌŋ]

huevo (m)	egg	[ɛg]
huevos (m pl)	eggs	[ɛgz]
clara (f)	egg white	[ɛg waɪt]
yema (f)	egg yolk	[ɛg 'joʊk]

pescado (m)	fish	[fɪʃ]
mariscos (m pl)	seafood	['siːfuːd]
crustáceos (m pl)	crustaceans	[krʌ'steɪʃənz]
caviar (m)	caviar	['kæviɑː]

cangrejo (m) de mar	crab	[kræb]
camarón (m)	shrimp	[ʃrɪmp]
ostra (f)	oyster	['ɔɪstə]
langosta (f)	spiny lobster	['spaɪnɪ 'lɑːbstə]
pulpo (m)	octopus	['ɑːktəpəs]
calamar (m)	squid	[skwɪd]

esturión (m)	sturgeon	['stɜːdʒən]
salmón (m)	salmon	['sæmən]
fletán (m)	halibut	['hælɪbət]

bacalao (m)	cod	[kɑːd]
caballa (f)	mackerel	['mækərəl]
atún (m)	tuna	['tuːnə]
anguila (f)	eel	[iːl]

trucha (f)	trout	['traʊt]
sardina (f)	sardine	[sɑː'diːn]
lucio (m)	pike	[paɪk]
arenque (m)	herring	['hɛrɪŋ]

pan (m)	bread	[brɛd]
queso (m)	cheese	[tʃiːz]
azúcar (m)	sugar	['ʃʊgə]
sal (f)	salt	[sɔːlt]

arroz (m)	rice	[raɪs]
macarrones (m pl)	pasta	['pæstə]
tallarines (m pl)	noodles	['nuːdlz]
mantequilla (f)	butter	['bʌtə]
aceite (m) vegetal	vegetable oil	['vɛdʒtəbl ɔɪl]

| aceite (m) de girasol | sunflower oil | ['sʌnflaʊə ɔil] |
| margarina (f) | margarine | ['mɑ:rdʒərən] |

| olivas, aceitunas (f pl) | olives | ['ɑ:lɪvz] |
| aceite (m) de oliva | olive oil | ['ɑ:lɪv ɔil] |

leche (f)	milk	[mɪlk]
leche (f) condensada	condensed milk	[kən'dɛnst mɪlk]
yogur (m)	yogurt	['joʊgət]
nata (f) agria	sour cream	['saʊə kri:m]
nata (f) líquida	cream	[kri:m]

| mayonesa (f) | mayonnaise | ['meɪəneɪz] |
| crema (f) de mantequilla | buttercream | ['bʌtəˌkri:m] |

cereales (m pl) integrales	groats	[groʊts]
harina (f)	flour	['flaʊə]
conservas (f pl)	canned food	[kænd fu:d]

copos (m pl) de maíz	cornflakes	['kɔ:nfleɪks]
miel (f)	honey	['hʌnɪ]
confitura (f)	jam	[dʒæm]
chicle (m)	chewing gum	['tʃu:ɪŋ gʌm]

53. Las bebidas

agua (f)	water	['wɔ:tə]
agua (f) potable	drinking water	['drɪŋkɪŋ 'wɔ:tə]
agua (f) mineral	mineral water	['mɪnərəl 'wɔ:tə]

sin gas	still	[stɪl]
gaseoso (adj)	carbonated	['kɑ:bəneɪtɪd]
con gas	sparkling	['spɑ:klɪŋ]
hielo (m)	ice	[aɪs]
con hielo	with ice	[wɪð aɪs]

sin alcohol	non-alcoholic	[nɑ:n ˌælkə'hɔ:lɪk]
bebida (f) sin alcohol	soft drink	[sɔ:ft drɪŋk]
refresco (m)	refreshing drink	[rɪ'frɛʃɪŋ drɪŋk]
limonada (f)	lemonade	[lɛmə'neɪd]

bebidas (f pl) alcohólicas	liquors	['lɪkəz]
vino (m)	wine	[waɪn]
vino (m) blanco	white wine	[waɪt waɪn]
vino (m) tinto	red wine	[rɛd waɪn]

licor (m)	liqueur	[lɪ'kɜ:]
champaña (f)	champagne	[ʃæm'peɪn]
vermú (m)	vermouth	[vɜ:'mu:θ]
whisky (m)	whiskey	['wɪskɪ]

vodka (m)	**vodka**	['vɑːdkə]
ginebra (f)	**gin**	[dʒɪn]
coñac (m)	**cognac**	['koʊnjæk]
ron (m)	**rum**	[rʌm]
café (m)	**coffee**	['kɔːfɪ]
café (m) solo	**black coffee**	[blæk 'kɔːfɪ]
café (m) con leche	**coffee with milk**	['kɔːfɪ wɪð mɪlk]
capuchino (m)	**cappuccino**	[kæpʊ'tʃiːnoʊ]
café (m) soluble	**instant coffee**	['ɪnstənt 'kɔːfɪ]
leche (f)	**milk**	[mɪlk]
cóctel (m)	**cocktail**	['kɑːkteɪl]
batido (m)	**milkshake**	[mɪlk ʃeɪk]
zumo (m), jugo (m)	**juice**	[dʒuːs]
jugo (m) de tomate	**tomato juice**	[tə'meɪtoʊ dʒuːs]
zumo (m) de naranja	**orange juice**	['ɔːrɪndʒ dʒuːs]
zumo (m) fresco	**freshly squeezed juice**	['frɛʃlɪ skwiːzd dʒuːs]
cerveza (f)	**beer**	[bɪə]
cerveza (f) rubia	**light beer**	[laɪt bɪə]
cerveza (f) negra	**dark beer**	[dɑːk bɪə]
té (m)	**tea**	[tiː]
té (m) negro	**black tea**	[blæk tiː]
té (m) verde	**green tea**	[griːn tiː]

54. Las verduras

legumbres (f pl)	**vegetables**	['vɛdʒtəblz]
verduras (f pl)	**greens**	[griːnz]
tomate (m)	**tomato**	[tə'meɪtoʊ]
pepino (m)	**cucumber**	['kjuːkʌmbə]
zanahoria (f)	**carrot**	['kærət]
patata (f)	**potato**	[pə'teɪtoʊ]
cebolla (f)	**onion**	['ʌnjən]
ajo (m)	**garlic**	['gɑːlɪk]
col (f)	**cabbage**	['kæbɪdʒ]
coliflor (f)	**cauliflower**	['kɔːlɪflaʊə]
col (f) de Bruselas	**Brussels sprouts**	['brʌsəlz 'spraʊts]
brócoli (m)	**broccoli**	['brɑːkəlɪ]
remolacha (f)	**beet**	[biːt]
berenjena (f)	**eggplant**	['ɛgplɑːnt]
calabacín (m)	**zucchini**	[zuː'kiːnɪ]
calabaza (f)	**pumpkin**	['pʌmpkɪn]
nabo (m)	**turnip**	['tɜːnɪp]

perejil (m)	parsley	['pɑ:slɪ]
eneldo (m)	dill	[dɪl]
lechuga (f)	lettuce	['lɛtɪs]
apio (m)	celery	['sɛlərɪ]
espárrago (m)	asparagus	[ə'spærəgəs]
espinaca (f)	spinach	['spɪnɪdʒ]

guisante (m)	pea	[pi:]
habas (f pl)	beans	[bi:nz]
maíz (m)	corn	[kɔ:n]
fréjol (m)	kidney beans	['kɪdnɪ bi:nz]

pimiento (m) dulce	bell pepper	[bɛl 'pɛpə]
rábano (m)	radish	['rædɪʃ]
alcachofa (f)	artichoke	['ɑ:tɪʧoʊk]

55. Las frutas. Las nueces

fruto (m)	fruit	[fru:t]
manzana (f)	apple	[æpl]
pera (f)	pear	[pɛə]
limón (m)	lemon	['lɛmən]
naranja (f)	orange	['ɔ:rɪndʒ]
fresa (f)	strawberry	['strɔ:bərɪ]

mandarina (f)	mandarin	['mændərɪn]
ciruela (f)	plum	[plʌm]
melocotón (m)	peach	[pi:ʧ]
albaricoque (m)	apricot	['æprɪkɑ:t]
frambuesa (f)	raspberry	['ræzbərɪ]
piña (f)	pineapple	['paɪn‚æpl]

banana (f)	banana	[bə'nɑ:nə]
sandía (f)	watermelon	['wɔ:təmɛlən]
uva (f)	grapes	[greɪps]
guinda (f)	sour cherry	['saʊə 'ʧɛrɪ]
cereza (f)	sweet cherry	[swi:t 'ʧɛrɪ]
melón (m)	melon	['mɛlən]

pomelo (m)	grapefruit	['greɪpfru:t]
aguacate (m)	avocado	[æve'kɑ:doʊ]
papaya (f)	papaya	[pə'paɪə]
mango (m)	mango	['mæŋgoʊ]
granada (f)	pomegranate	['pɑ:mɪgrænɪt]

grosella (f) roja	redcurrant	[rɛd'kɜ:rənt]
grosella (f) negra	blackcurrant	[blæk'kɜ:rənt]
grosella (f) espinosa	gooseberry	['gu:zbərɪ]
arándano (m)	bilberry	['bɪlbərɪ]
zarzamoras (f pl)	blackberry	['blækbərɪ]

pasas (f pl)	raisin	['reɪzən]
higo (m)	fig	[fɪg]
dátil (m)	date	[deɪt]

cacahuete (m)	peanut	['pi:nʌt]
almendra (f)	almond	['ɑ:mənd]
nuez (f)	walnut	['wɔ:lnʌt]
avellana (f)	hazelnut	['heɪzəlnʌt]
nuez (f) de coco	coconut	['koʊkənʌt]
pistachos (m pl)	pistachios	[pɪ'stɑ:ʃioʊs]

56. El pan. Los dulces

pasteles (m pl)	confectionery	[kən'fɛkʃənərɪ]
pan (m)	bread	[brɛd]
galletas (f pl)	cookies	['kʊkɪz]

chocolate (m)	chocolate	['tʃɑ:klət]
de chocolate (adj)	chocolate	['tʃɑ:klət]
caramelo (m)	candy	['kændɪ]
tarta (f) (pequeña)	cake	[keɪk]
tarta (f) (~ de cumpleaños)	cake	[keɪk]

| tarta (f) (~ de manzana) | pie | [paɪ] |
| relleno (m) | filling | ['fɪlɪŋ] |

confitura (f)	jam	[dʒæm]
mermelada (f)	marmalade	['mɑ:məleɪd]
gofre (m)	wafers	['weɪfəz]
helado (m)	ice-cream	[aɪs kri:m]
pudin (m)	pudding	['pʊdɪŋ]

57. Las especias

sal (f)	salt	[sɔ:lt]
salado (adj)	salty	['sɔ:ltɪ]
salar (vt)	to salt (vt)	[tʊ sɔ:lt]

pimienta (f) negra	black pepper	[blæk 'pɛpə]
pimienta (f) roja	red pepper	[rɛd 'pɛpə]
mostaza (f)	mustard	['mʌstəd]
rábano (m) picante	horseradish	['hɔ:s,rædɪʃ]

condimento (m)	condiment	['kɑ:ndɪmənt]
especia (f)	spice	[spaɪs]
salsa (f)	sauce	[sɔ:s]
vinagre (m)	vinegar	['vɪnɪgə]
anís (m)	anise	[æ'nɪs]

albahaca (f)	**basil**	['beɪzəl]
clavo (m)	**cloves**	['kloʊvz]
jengibre (m)	**ginger**	['dʒɪndʒə]
cilantro (m)	**coriander**	[kɔːrɪ'ændə]
canela (f)	**cinnamon**	['sɪnəmən]

sésamo (m)	**sesame**	['sɛsəmɪ]
hoja (f) de laurel	**bay leaf**	[beɪ liːf]
paprika (f)	**paprika**	['pæprɪkə]
comino (m)	**caraway**	['kærəweɪ]
azafrán (m)	**saffron**	['sæfrən]

LA INFORMACIÓN PERSONAL. PERSONAL. LA FAMILIA

T&P Books Publishing

58. La información personal. Los formularios

nombre (m)	**name, first name**	[neɪm], [fɜːst neɪm]
apellido (m)	**surname, last name**	['sɜːneɪm], [læst neɪm]
fecha (f) de nacimiento	**date of birth**	[deɪt əv bɜːθ]
lugar (m) de nacimiento	**place of birth**	[pleɪs əv bɜːθ]
nacionalidad (f)	**nationality**	[næʃə'næləti]
domicilio (m)	**place of residence**	[pleɪs əv 'rɛzɪdəns]
país (m)	**country**	['kʌntrɪ]
profesión (f)	**profession**	[prə'fɛʃn]
sexo (m)	**gender, sex**	['dʒɛndə], [sɛks]
estatura (f)	**height**	[haɪt]
peso (m)	**weight**	[weɪt]

59. Los familiares. Los parientes

madre (f)	**mother**	['mʌðə]
padre (m)	**father**	['fɑːðə]
hijo (m)	**son**	[sʌn]
hija (f)	**daughter**	['dɔːtə]
hija (f) menor	**younger daughter**	['jʌŋgə 'dɔːtə]
hijo (m) menor	**younger son**	['jʌŋgə sʌn]
hija (f) mayor	**eldest daughter**	['ɛldɪst 'dɔːtə]
hijo (m) mayor	**eldest son**	['ɛldɪst sʌn]
hermano (m)	**brother**	['brʌðə]
hermano (m) mayor	**elder brother**	['ɛldə 'brʌðə]
hermano (m) menor	**younger brother**	['jʌŋgə 'brʌðə]
hermana (f)	**sister**	['sɪstə]
hermana (f) mayor	**elder sister**	['ɛldə 'sɪstə]
hermana (f) menor	**younger sister**	['jʌŋgə 'sɪstə]
primo (m)	**cousin**	['kʌzən]
prima (f)	**cousin**	['kʌzən]
mamá (f)	**mom, mommy**	[mɑːm], ['mɑːmɪ]
papá (m)	**dad, daddy**	[dæd], ['dædɪ]
padres (pl)	**parents**	['pɛərənts]
niño -a (m, f)	**child**	[tʃaɪld]
niños (pl)	**children**	['tʃɪldrən]
abuela (f)	**grandmother**	['græn,mʌðə]
abuelo (m)	**grandfather**	['græn,fɑːðə]

nieto (m)	**grandson**	['grænsʌn]
nieta (f)	**granddaughter**	['græn,dɔ:tə]
nietos (pl)	**grandchildren**	['græn,tʃɪldrən]
tío (m)	**uncle**	['ʌŋkl]
tía (f)	**aunt**	[ænt]
sobrino (m)	**nephew**	['nɛfju:]
sobrina (f)	**niece**	[ni:s]
suegra (f)	**mother-in-law**	['mʌðə ɪn lɔ:]
suegro (m)	**father-in-law**	['fɑːðə ɪn lɔ:]
yerno (m)	**son-in-law**	[sʌn ɪn lɔ:]
madrastra (f)	**stepmother**	['stɛp,mʌðə]
padrastro (m)	**stepfather**	['stɛp,fɑːðə]
niño (m) de pecho	**infant**	['ɪnfənt]
bebé (m)	**baby**	['beɪbɪ]
chico (m)	**little boy**	[lɪtl bɔɪ]
mujer (f)	**wife**	[waɪf]
marido (m)	**husband**	['hʌzbənd]
esposo (m)	**spouse**	['spaʊs]
esposa (f)	**spouse**	['spaʊs]
casado (adj)	**married**	['mærɪd]
casada (adj)	**married**	['mærɪd]
soltero (adj)	**single**	['sɪŋgl]
soltero (m)	**bachelor**	['bætʃələ]
divorciado (adj)	**divorced**	[dɪ'vɔːst]
viuda (f)	**widow**	['wɪdoʊ]
viudo (m)	**widower**	['wɪdoʊə]
pariente (m)	**relative**	['rɛlətɪv]
pariente (m) cercano	**close relative**	['kloʊs 'rɛlətɪv]
pariente (m) lejano	**distant relative**	['dɪstənt 'rɛlətɪv]
parientes (pl)	**relatives**	['rɛlətɪvz]
huérfano (m), huérfana (f)	**orphan**	['ɔːfən]
tutor (m)	**guardian**	['gɑːdjən]
adoptar, ahijar (vt)	**to adopt** (vt)	[tʊ ə'dɑːpt]

60. Los amigos. Los compañeros del trabajo

amigo (m)	**friend**	[frɛnd]
amiga (f)	**friend, girlfriend**	[frɛnd], ['gɜːrlfrɛnd]
amistad (f)	**friendship**	['frɛndʃɪp]
ser amigo	**to be friends**	[tʊ bi frɛndz]
amigote (m)	**buddy**	['bʌdɪ]
amiguete (f)	**buddy**	['bʌdɪ]

compañero (m)	**partner**	['pɑːtnə]
jefe (m)	**chief**	[ʧiːf]
superior (m)	**boss, superior**	[bɔːs], [suːˈpɪərɪə]
propietario (m)	**proprietor**	[prəˈpraɪətər]
subordinado (m)	**subordinate**	[səˈbɔːdɪnət]
colega (m, f)	**colleague**	['kɑːliːg]

conocido (m)	**acquaintance**	[əˈkweɪntəns]
compañero (m) de viaje	**fellow traveler**	[ˈfɛloʊ ˈtrævələ]
condiscípulo (m)	**classmate**	[ˈklæsmeɪt]

vecino (m)	**neighbor**	['neɪbə]
vecina (f)	**neighbor**	['neɪbə]
vecinos (pl)	**neighbors**	['neɪbəz]

T&P BOOKS

EL CUERPO. LA MEDICINA

T&P Books Publishing

cabeza (f)	head	[hɛd]
cara (f)	face	[feɪs]
nariz (f)	nose	['noʊz]
boca (f)	mouth	['maʊθ]

ojo (m)	eye	[aɪ]
ojos (m pl)	eyes	[aɪz]
pupila (f)	pupil	['pju:pl]
ceja (f)	eyebrow	['aɪbraʊ]
pestaña (f)	eyelash	['aɪlæʃ]
párpado (m)	eyelid	['aɪlɪd]

lengua (f)	tongue	[tʌŋ]
diente (m)	tooth	[tu:θ]
labios (m pl)	lips	[lɪps]
pómulos (m pl)	cheekbones	['tʃi:kboʊnz]
encía (f)	gum	[gʌm]
paladar (m)	palate	['pælət]

ventanas (f pl)	nostrils	['nɑ:strɪlz]
mentón (m)	chin	[tʃɪn]
mandíbula (f)	jaw	[dʒɔ:]
mejilla (f)	cheek	[tʃi:k]

frente (f)	forehead	['fɔ:hɛd]
sien (f)	temple	['tɛmpl]
oreja (f)	ear	[ɪə]
nuca (f)	back of the head	['bæk əv ðə hɛd]
cuello (m)	neck	[nɛk]
garganta (f)	throat	['θroʊt]

pelo, cabello (m)	hair	[hɛə]
peinado (m)	hairstyle	['hɛəstaɪl]
corte (m) de pelo	haircut	['hɛəkʌt]
peluca (f)	wig	[wɪg]

bigote (m)	mustache	['mʌstæʃ]
barba (f)	beard	[bɪərd]
tener (~ la barba)	to have (vt)	[tʊ hæv]
trenza (f)	braid	[breɪd]
patillas (f pl)	sideburns	['saɪdbɜ:nz]

| pelirrojo (adj) | red-haired | [rɛd hɛəd] |
| gris, canoso (adj) | gray | [greɪ] |

calvo (adj)	**bald**	[bɔːld]
calva (f)	**bald patch**	[bɔːld pætʃ]

cola (f) de caballo	**ponytail**	['poʊniteɪl]
flequillo (m)	**bangs**	[bæŋz]

62. El cuerpo

mano (f)	**hand**	[hænd]
brazo (m)	**arm**	[ɑːm]

dedo (m)	**finger**	['fɪŋgə]
dedo (m) del pie	**toe**	[təʊ]
dedo (m) pulgar	**thumb**	[θʌm]
dedo (m) meñique	**little finger**	[lɪtl 'fɪŋgə]
uña (f)	**nail**	[neɪl]

puño (m)	**fist**	[fɪst]
palma (f)	**palm**	[pɑːm]
muñeca (f)	**wrist**	[rɪst]
antebrazo (m)	**forearm**	['fɔːrˌɑːm]
codo (m)	**elbow**	['ɛlbəʊ]
hombro (m)	**shoulder**	['ʃoʊldə]

pierna (f)	**leg**	[lɛg]
planta (f)	**foot**	[fʊt]
rodilla (f)	**knee**	[niː]
pantorrilla (f)	**calf**	[kæf]

cadera (f)	**hip**	[hɪp]
talón (m)	**heel**	[hiːl]

cuerpo (m)	**body**	['bɑːdɪ]
vientre (m)	**stomach**	['stʌmək]
pecho (m)	**chest**	[ʧɛst]
seno (m)	**breast**	[brɛst]
lado (m), costado (m)	**flank**	[flæŋk]
espalda (f)	**back**	[bæk]

zona (f) lumbar	**lower back**	['loʊə bæk]
cintura (f), talle (m)	**waist**	[weɪst]

ombligo (m)	**navel, belly button**	['neɪvəl], ['bɛlɪ 'bʌtn]
nalgas (f pl)	**buttocks**	['bʌtəks]
trasero (m)	**bottom, behind**	['bɑːtəm], [bɪ'haɪnd]

lunar (m)	**beauty mark**	['bjuːtɪ mɑːk]
marca (f) de nacimiento	**birthmark**	['bɜːrθmɑːrk]
tatuaje (m)	**tattoo**	[tæ'tuː]
cicatriz (f)	**scar**	[skɑː]

63. Las enfermedades

enfermedad (f)	**sickness**	['sıknəs]
estar enfermo	**to be sick**	[tʊ bi sık]
salud (f)	**health**	[hεlθ]
resfriado (m) (coriza)	**runny nose**	[ˌrʌnı 'noʊz]
angina (f)	**tonsillitis**	[tɑːnsə'laıtıs]
resfriado (m)	**cold**	['koʊld]
resfriarse (vr)	**to catch a cold**	[tʊ kætʃ ə 'koʊld]
bronquitis (f)	**bronchitis**	[brɑːŋ'kaıtıs]
pulmonía (f)	**pneumonia**	[nuː'moʊnıə]
gripe (f)	**flu**	[fluː]
miope (adj)	**nearsighted**	[nıə'saıtıd]
présbita (adj)	**farsighted**	[fɑː'saıtıd]
estrabismo (m)	**strabismus**	[strə'bızməs]
estrábico (m) (adj)	**cross-eyed**	[krɔːs 'aıd]
catarata (f)	**cataract**	['kætərækt]
glaucoma (m)	**glaucoma**	[glɔː'koʊmə]
insulto (m)	**stroke**	['stroʊk]
ataque (m) cardiaco	**heart attack**	[hɑːt ə'tæk]
infarto (m) de miocardio	**myocardial infarction**	[maıoʊ'kɑːdıəl ın'fɑːkʃn]
parálisis (f)	**paralysis**	[pə'rælısıs]
paralizar (vt)	**to paralyze** (vt)	[tʊ 'pærəlaız]
alergia (f)	**allergy**	['ælərdʒı]
asma (f)	**asthma**	['æsmə]
diabetes (f)	**diabetes**	[daıə'biːtiːz]
dolor (m) de muelas	**toothache**	['tuːθeık]
caries (f)	**caries**	['kεəriːz]
diarrea (f)	**diarrhea**	[daıə'rıə]
estreñimiento (m)	**constipation**	[kɑːnstı'peıʃn]
molestia (f) estomacal	**stomach upset**	['stʌmək ʌp'sεt]
envenenamiento (m)	**food poisoning**	[fuːd 'pɔızənıŋ]
envenenarse (vr)	**to get food poisoning**	[tʊ get fuːd 'pɔızənıŋ]
artritis (f)	**arthritis**	[ɑː'θraıtıs]
raquitismo (m)	**rickets**	['rıkıts]
reumatismo (m)	**rheumatism**	['ruːmətızəm]
ateroesclerosis (f)	**atherosclerosis**	[ˌæθərəʊsklı'rəʊsıs]
gastritis (f)	**gastritis**	[gæs'traıtıs]
apendicitis (f)	**appendicitis**	[əpεndı'saıtıs]
colecistitis (f)	**cholecystitis**	[kɑːlısıs'taıtıs]
úlcera (f)	**ulcer**	['ʌlsə]
sarampión (m)	**measles**	['miːzəlz]

rubeola (f)	rubella	[ruˈbɛlə]
ictericia (f)	jaundice	[ˈdʒɔːndɪs]
hepatitis (f)	hepatitis	[hɛpəˈtaɪtɪs]

esquizofrenia (f)	schizophrenia	[skɪtsəˈfriːnɪə]
rabia (f) (hidrofobia)	rabies	[ˈreɪbiːz]
neurosis (f)	neurosis	[nʊˈroʊsɪs]
conmoción (f) cerebral	concussion	[kənˈkʌʃn]

cáncer (m)	cancer	[ˈkænsə]
esclerosis (f)	sclerosis	[skləˈroʊsɪs]
esclerosis (m) múltiple	multiple sclerosis	[ˈmʌltɪpəl skləˈroʊsɪs]

alcoholismo (m)	alcoholism	[ˈælkəhɔːlɪzəm]
alcohólico (m)	alcoholic	[ælkəˈhɔːlɪk]
sífilis (f)	syphilis	[ˈsɪfɪlɪs]
SIDA (m)	AIDS	[eɪdz]

tumor (m)	tumor	[ˈtuːmə]
maligno (adj)	malignant	[məˈlɪgnənt]
benigno (adj)	benign	[brˈnaɪn]
fiebre (f)	fever	[ˈfiːvə]
malaria (f)	malaria	[məˈlɛrɪə]
gangrena (f)	gangrene	[ˈgæŋɡriːn]
mareo (m)	seasickness	[ˈsiːˌsɪknəs]
epilepsia (f)	epilepsy	[ˈɛpɪlɛpsɪ]

epidemia (f)	epidemic	[ɛpɪˈdɛmɪk]
tifus (m)	typhus	[ˈtaɪfəs]
tuberculosis (f)	tuberculosis	[tuːbɜːkjəˈloʊsɪs]
cólera (f)	cholera	[ˈkɑːlərə]
peste (f)	plague	[pleɪg]

64. Los síntomas. Los tratamientos. Unidad 1

síntoma (m)	symptom	[ˈsɪmptəm]
temperatura (f)	temperature	[ˈtɛmprətʃə]
fiebre (f)	high temperature, fever	[haɪ ˈtɛmprətʃə], [ˈfiːvə]
pulso (m)	pulse, heartbeat	[pʌls], [ˈhɑːtbiːt]

mareo (m) (vértigo)	dizziness	[ˈdɪzɪnəs]
caliente (adj)	hot	[hɑːt]
escalofrío (m)	shivering	[ˈʃɪvərɪŋ]
pálido (adj)	pale	[peɪl]

tos (f)	cough	[kɔːf]
toser (vi)	to cough (vi)	[tʊ kɔːf]
estornudar (vi)	to sneeze (vi)	[tʊ sniːz]
desmayo (m)	faint	[feɪnt]
desmayarse (vr)	to faint (vi)	[tʊ feɪnt]

moradura (f)	bruise	[bru:z]
chichón (m)	bump	[bʌmp]
golpearse (vr)	to bang (vi)	[tʊ bæŋ]
magulladura (f)	bruise	[bru:z]
magullarse (vr)	to get a bruise	[tʊ gɛt ə bru:z]

cojear (vi)	to limp (vi)	[tʊ lɪmp]
dislocación (f)	dislocation	[dɪslə'keɪʃn]
dislocar (vt)	to dislocate (vt)	[tʊ 'dɪsləkeɪt]
fractura (f)	fracture	['fræktʃə]
tener una fractura	to have a fracture	[tʊ hæv ə 'fræktʃə]

corte (m) (tajo)	cut	[kʌt]
cortarse (vr)	to cut oneself	[tʊ kʌt wʌn'sɛlf]
hemorragia (f)	bleeding	['bli:dɪŋ]

| quemadura (f) | burn | [bɜ:n] |
| quemarse (vr) | to get burned | [tʊ gɛt bɜ:nd] |

pincharse (~ el dedo)	to prick (vt)	[tʊ prɪk]
pincharse (vr)	to prick oneself	[tʊ prɪk wʌn'sɛlf]
herir (vt)	to injure (vt)	[tʊ 'ɪndʒə]
herida (f)	injury	['ɪndʒərɪ]
lesión (f) (herida)	wound	[wu:nd]
trauma (m)	trauma	['traʊmə]

delirar (vi)	to be delirious	[tʊ bi dɪ'lɪrɪəs]
tartamudear (vi)	to stutter (vi)	[tʊ 'stʌtə]
insolación (f)	sunstroke	['sʌn,stroʊk]

65. Los síntomas. Los tratamientos. Unidad 2

| dolor (m) | pain, ache | [peɪn], [eɪk] |
| astilla (f) | splinter | ['splɪntə] |

sudor (m)	sweat	[swɛt]
sudar (vi)	to sweat (vi)	[tʊ swɛt]
vómito (m)	vomiting	['vɑ:mətɪŋ]
convulsiones (f pl)	convulsions	[kən'vʌlʃənz]

embarazada (adj)	pregnant	['prɛgnənt]
nacer (vi)	to be born	[tʊ bi bɔ:n]
parto (m)	delivery, labor	[dɪ'lɪvərɪ], ['leɪbə]
dar a luz	to deliver (vt)	[tʊ dɪ'lɪvə]
aborto (m)	abortion	[ə'bɔ:ʃn]

respiración (f)	breathing, respiration	['bri:ðɪŋ], [rɛspə'reɪʃn]
inspiración (f)	in-breath, inhalation	['ɪn breθ], [ɪnhə'leɪʃn]
espiración (f)	out-breath, exhalation	['aʊt breθ], [eksə'leɪʃn]
espirar (vi)	to exhale (vi)	[tʊ eks'heɪl]

inspirar (vi)	to inhale (vi)	[tʊ ɪn'heɪl]
inválido (m)	disabled person	[dɪ'seɪbəld 'pɜ:sən]
mutilado (m)	cripple	['krɪpl]
drogadicto (m)	drug addict	[drʌg 'ædɪkt]

sordo (adj)	deaf	[dɛf]
mudo (adj)	mute	[mju:t]
sordomudo (adj)	deaf mute	[dɛf mju:t]

loco (adj)	mad, insane	[mæd], [ɪn'seɪn]
loco (m)	madman	['mædmən]
loca (f)	madwoman	['mædwʊmən]
volverse loco	to go insane	[tʊ 'goʊ ɪn'seɪn]

gen (m)	gene	[dʒi:n]
inmunidad (f)	immunity	[ɪ'mju:nəti]
hereditario (adj)	hereditary	[hɪ'redɪtəri]
de nacimiento (adj)	congenital	[kən'dʒenɪtəl]

virus (m)	virus	['vaɪrəs]
microbio (m)	microbe	['maɪkroʊb]
bacteria (f)	bacterium	[bæk'tɪrɪəm]
infección (f)	infection	[ɪn'fɛkʃn]

66. Los síntomas. Los tratamientos. Unidad 3

| hospital (m) | hospital | ['hɑ:spɪtəl] |
| paciente (m) | patient | ['peɪʃənt] |

diagnosis (f)	diagnosis	[daɪəg'noʊsɪs]
cura (f)	cure	[kjʊə]
tratamiento (m)	treatment	['tri:mənt]
curarse (vr)	to get treatment	[tʊ gɛt 'tri:mənt]
tratar (vt)	to treat (vt)	[tʊ tri:t]
cuidar (a un enfermo)	to nurse (vt)	[tʊ nɜ:s]
cuidados (m pl)	care	[kɛə]

operación (f)	operation, surgery	[ɑ:pə'reɪʃn], ['sɜ:dʒəri]
vendar (vt)	to bandage (vt)	[tʊ 'bændɪdʒ]
vendaje (m)	bandaging	['bændɪdʒɪŋ]

vacunación (f)	vaccination	[væksɪ'neɪʃn]
vacunar (vt)	to vaccinate (vt)	[tʊ 'væksɪneɪt]
inyección (f)	injection, shot	[ɪn'dʒɛkʃn], [ʃɑ:t]
aplicar una inyección	to give an injection	[tʊ gɪv ən ɪn'dʒɛkʃn]

ataque (m)	attack	[ə'tæk]
amputación (f)	amputation	[ˌæmpjʊ'teɪʃn]
amputar (vt)	to amputate (vt)	[tʊ 'æmpjʊteɪt]
coma (m)	coma	['koʊmə]

estar en coma	to be in a coma	[tʊ bi ɪn ə 'koʊmə]
revitalización (f)	intensive care	[ɪn'tɛnsɪv 'kɛə]
recuperarse (vr)	to recover (vi)	[tʊ rɪ'kʌvə]
estado (m) (de salud)	condition	[kən'dɪʃn]
consciencia (f)	consciousness	['kɑ:nʃəsnəs]
memoria (f)	memory	['mɛmərɪ]
extraer (un diente)	to pull out	[tʊ pʊl 'aʊt]
empaste (m)	filling	['fɪlɪŋ]
empastar (vt)	to fill (vt)	[tʊ fɪl]
hipnosis (f)	hypnosis	[hɪp'noʊsɪs]
hipnotizar (vt)	to hypnotize (vt)	[tʊ 'hɪpnətaɪz]

67. La medicina. Las drogas. Los accesorios

medicamento (m), droga (f)	medicine, drug	['mɛdɪsɪn], [drʌg]
remedio (m)	remedy	['rɛmədɪ]
prescribir (vt)	to prescribe (vt)	[tʊ prɪ'skraɪb]
receta (f)	prescription	[prɪ'skrɪpʃn]
tableta (f)	tablet, pill	['tæblɪt], [pɪl]
ungüento (m)	ointment	['ɔɪntmənt]
ampolla (f)	ampule	['æmpjuːl]
mixtura (f), mezcla (f)	mixture	['mɪkstʃə]
sirope (m)	syrup	['sɪrəp]
píldora (f)	capsule	['kæpsəl]
polvo (m)	powder	['paʊdə]
venda (f)	bandage	['bændɪdʒ]
algodón (m) (discos de ~)	cotton wool	['kɑ:tən wʊl]
yodo (m)	iodine	['aɪədaɪn]
tirita (f), curita (f)	Band-Aid	['bændˌeɪd]
pipeta (f)	eyedropper	['aɪˌdrɑ:pə]
termómetro (m)	thermometer	[θə'mɑ:mɪtə]
jeringa (f)	syringe	[sɪ'rɪndʒ]
silla (f) de ruedas	wheelchair	['wiːltʃɛə]
muletas (f pl)	crutches	[krʌtʃɪz]
anestésico (m)	painkiller	['peɪnˌkɪlə]
purgante (m)	laxative	['læksətɪv]
alcohol (m)	alcohol	['ælkəhɔ:l]
hierba (f) medicinal	medicinal herbs	[mə'dɪsɪnəl ɜ:rbz]
de hierbas (té ~)	herbal	['ɜ:rbəl]

EL APARTAMENTO

68. El apartamento

apartamento (m)	**apartment**	[ə'pɑ:tmənt]
habitación (f)	**room**	[ru:m]
dormitorio (m)	**bedroom**	['bɛdrʊm]
comedor (m)	**dining room**	['daınıŋ rʊm]
salón (m)	**living room**	['lıvıŋ rʊm]
despacho (m)	**study**	['stʌdı]
antecámara (f)	**entry room**	['ɛntrı rʊm]
cuarto (m) de baño	**bathroom**	['bæθrʊm]
servicio (m)	**half bath**	[hɑ:f bɑ:θ]
techo (m)	**ceiling**	['si:lıŋ]
suelo (m)	**floor**	[flɔ:]
rincón (m)	**corner**	['kɔ:nə]

69. Los muebles. El interior

muebles (m pl)	**furniture**	['fɜ:nıʧə]
mesa (f)	**table**	['teıbl]
silla (f)	**chair**	[ʧɛə]
cama (f)	**bed**	[bɛd]
sofá (m)	**couch, sofa**	['kaʊʧ], ['soʊfə]
sillón (m)	**armchair**	['ɑ:mʧɛə]
librería (f)	**bookcase**	['bʊkkeıs]
estante (m)	**shelf**	[ʃɛlf]
armario (m)	**wardrobe**	['wɔ:droʊb]
percha (f)	**coat rack**	['koʊt ræk]
perchero (m) de pie	**coat stand**	['koʊt stænd]
cómoda (f)	**bureau, dresser**	['bjʊroʊ], ['drɛsə]
mesa (f) de café	**coffee table**	['kɔ:fı teıbl]
espejo (m)	**mirror**	['mırə]
tapiz (m)	**carpet**	['kɑ:pıt]
alfombra (f)	**rug, small carpet**	[rʌg], [smɔ:l 'kɑ:pıt]
chimenea (f)	**fireplace**	['faıəpleıs]
vela (f)	**candle**	['kændl]
candelero (m)	**candlestick**	['kændəlstık]
cortinas (f pl)	**drapes**	[dreıps]

| empapelado (m) | wallpaper | ['wɔ:lpeɪpə] |
| estor (m) de láminas | blinds | [blaɪndz] |

lámpara (f) de mesa	table lamp	['teɪbl læmp]
aplique (m)	wall lamp	[wɔ:l læmp]
lámpara (f) de pie	floor lamp	[flɔ: læmp]
lámpara (f) de araña	chandelier	[ʃændə'lɪə]

pata (f) (~ de la mesa)	leg	[lɛg]
brazo (m)	armrest	['ɑ:mrɛst]
espaldar (m)	back	[bæk]
cajón (m)	drawer	[drɔ:]

70. Los accesorios de cama

ropa (f) de cama	bedclothes	['bɛdklouðz]
almohada (f)	pillow	['pɪlou]
funda (f)	pillowcase	['pɪloukeɪs]
manta (f)	duvet, comforter	['du:veɪ], ['kʌmfətə]
sábana (f)	sheet	[ʃi:t]
sobrecama (f)	bedspread	['bɛdsprɛd]

71. La cocina

cocina (f)	kitchen	['kɪtʃɪn]
gas (m)	gas	[gæs]
cocina (f) de gas	gas stove	[gæs 'stouv]
cocina (f) eléctrica	electric stove	[ɪ'lɛktrɪk 'stouv]
horno (m)	oven	['ʌvən]
horno (m) microondas	microwave oven	['maɪkrəweɪv 'ʌvən]

frigorífico (m)	fridge	[frɪdʒ]
congelador (m)	freezer	['fri:zə]
lavavajillas (m)	dishwasher	['dɪʃwɔ:ʃə]

picadora (f) de carne	meat grinder	[mi:t 'graɪndə]
exprimidor (m)	juicer	['dʒu:sə]
tostador (m)	toaster	['toustə]
batidora (f)	mixer	['mɪksə]

cafetera (f) (aparato de cocina)	coffee machine	['kɔ:fɪ mə'ʃi:n]
cafetera (f) (para servir)	coffee pot	['kɔ:fɪ pɑ:t]
molinillo (m) de café	coffee grinder	['kɔ:fɪ 'graɪndə]

hervidor (m) de agua	kettle	['kɛtl]
tetera (f)	teapot	['ti:pɑ:t]
tapa (f)	lid	[lɪd]

colador (m) de té	**tea strainer**	[ti: 'streɪnə]
cuchara (f)	**spoon**	[spu:n]
cucharilla (f)	**teaspoon**	['ti:spu:n]
cuchara (f) de sopa	**soup spoon**	[su:p spu:n]
tenedor (m)	**fork**	[fɔ:k]
cuchillo (m)	**knife**	[naɪf]
vajilla (f)	**tableware**	['teɪblwɛə]
plato (m)	**plate**	[pleɪt]
platillo (m)	**saucer**	['sɔ:sə]
vaso (m) de chupito	**shot glass**	[ʃɑ:t glæs]
vaso (m) (~ de agua)	**glass**	[glæs]
taza (f)	**cup**	[kʌp]
azucarera (f)	**sugar bowl**	['ʃugə 'boʊl]
salero (m)	**salt shaker**	['sɔ:lt 'ʃeɪkə]
pimentero (m)	**pepper shaker**	['pepə 'ʃeɪkə]
mantequera (f)	**butter dish**	['bʌtə dɪʃ]
cacerola (f)	**stock pot**	[stɑ:k pɑ:t]
sartén (f)	**frying pan**	['fraɪɪŋ pæn]
cucharón (m)	**ladle**	['leɪdl]
colador (m)	**colander**	['kɑləndə]
bandeja (f)	**tray**	[treɪ]
botella (f)	**bottle**	[bɑ:tl]
tarro (m) de vidrio	**jar**	[dʒɑ:]
lata (f)	**can**	[kæn]
abrebotellas (m)	**bottle opener**	[bɑ:tl 'oʊpənə]
abrelatas (m)	**can opener**	[kæn 'oʊpənə]
sacacorchos (m)	**corkscrew**	['kɔ:kskru:]
filtro (m)	**filter**	['fɪltə]
filtrar (vt)	**to filter** (vt)	[tʊ 'fɪltə]
basura (f)	**trash**	[træʃ]
cubo (m) de basura	**trash can**	['træʃkæn]

72. El baño

cuarto (m) de baño	**bathroom**	['bæθrʊm]
agua (f)	**water**	['wɔ:tə]
grifo (m)	**faucet**	['fɔ:sɪt]
agua (f) caliente	**hot water**	['hɑ:t 'wɔ:tə]
agua (f) fría	**cold water**	['koʊld 'wɔ:tə]
pasta (f) de dientes	**toothpaste**	['tu:θpeɪst]
limpiarse los dientes	**to brush one's teeth**	[tʊ brʌʃ wʌns ti:θ]
cepillo (m) de dientes	**toothbrush**	['tu:θbrʌʃ]

afeitarse (vr)	to shave (vi)	[tʊ ʃeɪv]
espuma (f) de afeitar	shaving foam	['ʃeɪvɪŋ 'foʊm]
maquinilla (f) de afeitar	razor	['reɪzə]

lavar (vt)	to wash (vt)	[tʊ wɑːʃ]
darse un baño	to take a bath	[tʊ teɪk ə bæθ]
ducha (f)	shower	['ʃaʊə]
darse una ducha	to take a shower	[tʊ teɪk ə 'ʃaʊə]

bañera (f)	bathtub	['bæθtʌb]
inodoro (m)	toilet	['tɔɪlɪt]
lavabo (m)	sink, washbasin	[sɪŋk], ['wɑːʃˌbeɪsən]

jabón (m)	soap	['soʊp]
jabonera (f)	soap dish	['soʊp dɪʃ]

esponja (f)	sponge	[spʌndʒ]
champú (m)	shampoo	[ʃæm'puː]
toalla (f)	towel	['taʊəl]
bata (f) de baño	bathrobe	['bæθroʊb]

colada (f), lavado (m)	laundry	['lɔːndrɪ]
lavadora (f)	washing machine	['wɑːʃɪŋ mə'ʃiːn]
lavar la ropa	to do the laundry	[tʊ du ðə 'lɔːndrɪ]
detergente (m) en polvo	laundry detergent	['lɔːndrɪ dɪ'tɜːdʒənt]

73. Los aparatos domésticos

televisor (m)	TV set	[tiː'viː sɛt]
magnetófono (m)	tape recorder	[teɪp rɪ'kɔːdə]
vídeo (m)	video, VCR	['vɪdɪoʊ], [viːsiː'ɑː]
radio (m)	radio	['reɪdɪoʊ]
reproductor (m) (~ MP3)	player	['pleɪə]

proyector (m) de vídeo	video projector	['vɪdɪoʊ prə'dʒɛktə]
sistema (m) home cinema	home movie theater	['hoʊm 'muːvɪ 'θɪətə]
reproductor (m) de DVD	DVD player	[diːviː'diː 'pleɪə]
amplificador (m)	amplifier	['æmplɪfaɪə]
videoconsola (f)	video game console	['vɪdɪoʊ geɪm 'kɑːnsoʊl]

cámara (f) de vídeo	video camera	['vɪdɪoʊ 'kæmərə]
cámara (f) fotográfica	camera	['kæmərə]
cámara (f) digital	digital camera	['dɪdʒɪtl 'kæmərə]

aspirador (m), aspiradora (f)	vacuum cleaner	['vækjʊəm 'kliːnə]
plancha (f)	iron	['aɪrən]
tabla (f) de planchar	ironing board	['aɪrənɪŋ bɔːd]

teléfono (m)	telephone	['tɛlɪfoʊn]
teléfono (m) móvil	cell phone	['sɛlfoʊn]

| máquina (f) de escribir | **typewriter** | ['taɪpˌraɪtə] |
| máquina (f) de coser | **sewing machine** | ['soʊɪŋ mə'ʃiːn] |

micrófono (m)	**microphone**	['maɪkrəfoʊn]
auriculares (m pl)	**headphones**	['hɛdfoʊnz]
mando (m) a distancia	**remote control**	[rɪ'moʊt kən'troʊl]

CD (m)	**CD, compact disc**	[si:'di:], [kəm'pækt dɪsk]
casete (m)	**cassette, tape**	[kæ'sɛt], [teɪp]
disco (m) de vinilo	**vinyl record**	['vaɪnəl 'rɛkɔ:d]

T&p BOOKS

LA TIERRA. EL TIEMPO

T&P Books Publishing

74. El espacio

cosmos (m)	**space**	[speɪs]
espacial, cósmico (adj)	**space**	[speɪs]
espacio (m) cósmico	**outer space**	[ˈaʊtə speɪs]
mundo (m), universo (m)	**world, universe**	[wɜːld], [ˈjuːnɪvɜːs]
mundo (m)	**world**	[wɜːld]
universo (m)	**universe**	[ˈjuːnɪvɜːs]
galaxia (f)	**galaxy**	[ˈgæləksɪ]
estrella (f)	**star**	[stɑː]
constelación (f)	**constellation**	[kɑːnstəˈleɪʃn]
planeta (m)	**planet**	[ˈplænɪt]
satélite (m)	**satellite**	[ˈsætəlaɪt]
meteorito (m)	**meteorite**	[ˈmiːtɪəraɪt]
cometa (m)	**comet**	[ˈkɑːmət]
asteroide (m)	**asteroid**	[ˈæstərɔɪd]
órbita (f)	**orbit**	[ˈɔːbɪt]
girar (vi)	**to rotate** (vi)	[tʊ ˈroʊteɪt]
atmósfera (f)	**atmosphere**	[ˈætməsfɪə]
Sol (m)	**the Sun**	[ðə sʌn]
sistema (m) solar	**solar system**	[ˈsoʊlə ˈsɪstəm]
eclipse (m) de Sol	**solar eclipse**	[ˈsoʊlə ɪˈklɪps]
Tierra (f)	**the Earth**	[ði ɜːθ]
Luna (f)	**the Moon**	[ðə muːn]
Marte (m)	**Mars**	[mɑːz]
Venus (f)	**Venus**	[ˈviːnəs]
Júpiter (m)	**Jupiter**	[ˈdʒuːpɪtə]
Saturno (m)	**Saturn**	[ˈsætən]
Mercurio (m)	**Mercury**	[ˈmɜːkjʊrɪ]
Urano (m)	**Uranus**	[ˈjʊərənəs]
Neptuno (m)	**Neptune**	[ˈnɛptjuːn]
Plutón (m)	**Pluto**	[ˈpluːtoʊ]
la Vía Láctea	**the Milky Way**	[ðə ˈmɪlkɪ weɪ]
la Osa Mayor	**the Great Bear**	[ðə greɪt ˈbɛə(r)]
la Estrella Polar	**the North Star**	[ðə nɔːθ stɑː(r)]
marciano (m)	**Martian**	[ˈmɑːʃən]
extraterrestre (m)	**extraterrestrial**	[ɛkstrətəˈrɛstrɪəl]

| planetícola (m) | alien | ['eɪlɪən] |
| platillo (m) volante | flying saucer | ['flaɪɪŋ 'sɔːsə] |

nave (f) espacial	spaceship	['speɪsʃɪp]
estación (f) orbital	space station	[speɪs 'steɪʃn]
despegue (m)	blast-off	[blæst ɔːf]

motor (m)	engine	['ɛndʒɪn]
tobera (f)	nozzle	['nɑːzl]
combustible (m)	fuel	[fjuːəl]

carlinga (f)	cockpit	['kɑːkpɪt]
antena (f)	antenna	[æn'tɛnə]
ventana (f)	porthole	['pɔːthoʊl]
batería (f) solar	solar panel	['soʊlə 'pænəl]
escafandra (f)	spacesuit	['speɪssuːt]

| ingravidez (f) | weightlessness | ['weɪtlɪsnəs] |
| oxígeno (m) | oxygen | ['ɑːksɪdʒən] |

| atraque (m) | docking | ['dɑːkɪŋ] |
| realizar el atraque | to dock (vi, vt) | [tʊ dɑːk] |

observatorio (m)	observatory	[əb'zɜːvətɔrɪ]
telescopio (m)	telescope	['tɛlɪskoʊp]
observar (vt)	to observe (vt)	[tʊ əb'zɜːv]
explorar (~ el universo)	to explore (vt)	[tʊ ɪk'splɔː]

75. La tierra

Tierra (f)	the Earth	[ði ɜːθ]
globo (m) terrestre	the globe	[ðə 'gloʊb]
planeta (m)	planet	['plænɪt]

atmósfera (f)	atmosphere	['ætməsfɪə]
geografía (f)	geography	[dʒɪ'ɑːgrəfɪ]
naturaleza (f)	nature	['neɪtʃə]

globo (m) terráqueo	globe	['gloʊb]
mapa (m)	map	[mæp]
atlas (m)	atlas	['ætləs]

Europa (f)	Europe	['jʊrəp]
Asia (f)	Asia	['eɪʒə]
África (f)	Africa	['æfrɪkə]
Australia (f)	Australia	[ɔː'streɪlɪə]

América (f)	America	[ə'mɛrɪkə]
América (f) del Norte	North America	[nɔːθ ə'mɛrɪkə]
América (f) del Sur	South America	['saʊθ ə'mɛrɪkə]

| Antártida (f) | **Antarctica** | [æn'tɑːktɪkə] |
| Ártico (m) | **the Arctic** | [ði 'ɑrktɪk] |

76. Los puntos cardinales

norte (m)	**north**	[nɔ:θ]
al norte	**to the north**	[tʊ ðə nɔ:θ]
en el norte	**in the north**	[ɪn ðə nɔ:θ]
del norte (adj)	**northern**	['nɔ:ðən]

sur (m)	**south**	['saʊθ]
al sur	**to the south**	[tʊ ðə 'saʊθ]
en el sur	**in the south**	[ɪn ðə 'saʊθ]
del sur (adj)	**southern**	['sʌðən]

oeste (m)	**west**	[wɛst]
al oeste	**to the west**	[tʊ ðə wɛst]
en el oeste	**in the west**	[ɪn ðə wɛst]
del oeste (adj)	**western**	['wɛstən]

este (m)	**east**	[i:st]
al este	**to the east**	[tʊ ði i:st]
en el este	**in the east**	[ɪn ði i:st]
del este (adj)	**eastern**	['i:stən]

77. El mar. El océano

mar (m)	**sea**	[si:]
océano (m)	**ocean**	['oʊʃn]
golfo (m)	**gulf**	[gʌlf]
estrecho (m)	**straits**	[streɪts]

tierra (f) firme	**land**	[lænd]
continente (m)	**continent**	['kɑ:ntɪnənt]
isla (f)	**island**	['aɪlənd]
península (f)	**peninsula**	[pə'nɪnsjʊlə]
archipiélago (m)	**archipelago**	[ɑːkɪ'pɛlɪgoʊ]

bahía (f)	**bay**	[beɪ]
ensenada, bahía (f)	**harbor**	['hɑːbə]
laguna (f)	**lagoon**	[lə'gu:n]
cabo (m)	**cape**	[keɪp]

atolón (m)	**atoll**	['ætɔ:l]
arrecife (m)	**reef**	[ri:f]
coral (m)	**coral**	['kɔ:rəl]
arrecife (m) de coral	**coral reef**	['kɔ:rəl ri:f]
profundo (adj)	**deep**	[di:p]

profundidad (f)	depth	[dɛpθ]
abismo (m)	abyss	[ə'bɪs]
fosa (f) oceánica	trench	[trɛntʃ]

| corriente (f) | current | ['kʌrənt] |
| bañar (rodear) | to surround (vt) | [tʊ sə'raʊnd] |

| orilla (f) | shore | [ʃɔ:] |
| costa (f) | coast | ['koʊst] |

flujo (m)	flow	['floʊ]
reflujo (m)	ebb	[ɛb]
banco (m) de arena	shoal	['ʃoʊl]
fondo (m)	bottom	['bɑ:təm]

ola (f)	wave	[weɪv]
cresta (f) de la ola	crest	[krɛst]
espuma (f)	foam, spume	['foʊm], [spju:m]

tempestad (f)	storm	[stɔ:m]
huracán (m)	hurricane	['hʌrɪkeɪn]
tsunami (m)	tsunami	[tsu:'nɑ:mɪ]
bonanza (f)	calm	[kɑ:m]
calmo, tranquilo	quiet, calm	['kwaɪət], [kɑ:m]

| polo (m) | pole | ['poʊl] |
| polar (adj) | polar | ['poʊlə] |

latitud (f)	latitude	['lætɪtu:d]
longitud (f)	longitude	['lɔ:ndʒɪtu:d]
paralelo (m)	parallel	['pærəlɛl]
ecuador (m)	equator	[ɪ'kweɪtə]

cielo (m)	sky	[skaɪ]
horizonte (m)	horizon	[hə'raɪzn]
aire (m)	air	[ɛə]

faro (m)	lighthouse	['laɪthaʊs]
bucear (vi)	to dive (vi)	[tʊ daɪv]
hundirse (vr)	to sink (vi)	[tʊ sɪŋk]
tesoros (m pl)	treasure	['trɛʒə]

78. Los nombres de los mares y los océanos

océano (m) Atlántico	the Atlantic Ocean	[ði ət'læntɪk 'əʊʃən]
océano (m) Índico	the Indian Ocean	[ði 'ɪndɪən 'əʊʃən]
océano (m) Pacífico	the Pacific Ocean	[ðə pə'sɪfɪk 'əʊʃən]
océano (m) Glacial Ártico	the Arctic Ocean	[ði 'ɑrktɪk 'əʊʃən]
mar (m) Negro	the Black Sea	[ðə 'blæk si:]
mar (m) Rojo	the Red Sea	[ðə rɛd si:]

mar (m) Amarillo	the Yellow Sea	[ðɪ 'jɛləʊ si:]
mar (m) Blanco	the White Sea	[ðə waɪt si:]
mar (m) Caspio	the Caspian Sea	[ðə 'kæspɪən si:]
mar (m) Muerto	the Dead Sea	[ðə 'dɛd si:]
mar (m) Mediterráneo	the Mediterranean Sea	[ðə ˌmɛdɪtə'reɪnɪən si:]
mar (m) Egeo	the Aegean Sea	[ðɪ i:'dʒi:ən si:]
mar (m) Adriático	the Adriatic Sea	[ðɪ ˌeɪdrɪ'ætɪk si:]
mar (m) Arábigo	the Arabian Sea	[ðɪ ə'reɪbɪən si:]
mar (m) del Japón	the Sea of Japan	[ðə si: əv dʒə'pæn]
mar (m) de Bering	the Bering Sea	[ðə 'bɛrɪŋ si:]
mar (m) de la China Meridional	the South China Sea	[ðə 'saʊθ 'ʧaɪnə si:]
mar (m) del Coral	the Coral Sea	[ðə 'kɒrəl si:]
mar (m) de Tasmania	the Tasman Sea	[ðə 'tæzmən si:]
mar (m) Caribe	the Caribbean Sea	[ðə kæ'rɪbɪən si:]
mar (m) de Barents	the Barents Sea	[ðə 'bærənts si:]
mar (m) de Kara	the Kara Sea	[ðə 'kɑ:rə si:]
mar (m) del Norte	the North Sea	[ðə nɔ:θ si:]
mar (m) Báltico	the Baltic Sea	[ðə 'bɔ:ltɪk si:]
mar (m) de Noruega	the Norwegian Sea	[ðə nɔ:'wi:dʒən si:]

79. Las montañas

montaña (f)	mountain	['maʊntən]
cadena (f) de montañas	mountain range	['maʊntən reɪndʒ]
cresta (f) de montañas	mountain ridge	['maʊntən rɪdʒ]
cima (f)	summit, top	['sʌmɪt], [tɑ:p]
pico (m)	peak	[pi:k]
pie (m)	foot	[fʊt]
cuesta (f)	slope	['sloʊp]
volcán (m)	volcano	[vɑ:l'keɪnoʊ]
volcán (m) activo	active volcano	['æktɪv vɑ:l'kɛnoʊ]
volcán (m) apagado	dormant volcano	['dɔ:mənt vɑ:l'kɛnoʊ]
erupción (f)	eruption	[ɪ'rʌpʃn]
cráter (m)	crater	['kreɪtə]
magma (m)	magma	['mægmə]
lava (f)	lava	['lɑ:və]
fundido (lava ~a)	molten	['moʊltən]
cañón (m)	canyon	['kænjən]
desfiladero (m)	gorge	[gɔ:dʒ]

| grieta (f) | crevice | ['krɛvɪs] |
| precipicio (m) | abyss | [ə'bɪs] |

puerto (m) (paso)	pass, col	[pæs], [kɑːl]
meseta (f)	plateau	[plæ'toʊ]
roca (f)	cliff	[klɪf]
colina (f)	hill	[hɪl]

glaciar (m)	glacier	['gleɪʃə]
cascada (f)	waterfall	['wɔːtəfɔːl]
geiser (m)	geyser	['gaɪzə]
lago (m)	lake	[leɪk]

llanura (f)	plain	[pleɪn]
paisaje (m)	landscape	['lændskeɪp]
eco (m)	echo	['ɛkoʊ]

alpinista (m)	alpinist	['ælpɪnɪst]
escalador (m)	rock climber	[rɑːk 'klaɪmə]
conquistar (vt)	to conquer (vt)	[tʊ 'kɑːŋkə]
ascensión (f)	climb	[klaɪm]

80. Los nombres de las montañas

Alpes (m pl)	The Alps	[ðɪ ælps]
Montblanc (m)	Mont Blanc	[mɒ 'blɒ(k)]
Pirineos (m pl)	The Pyrenees	[ðə pɪrə'niːz]

Cárpatos (m pl)	The Carpathians	[ðə kɑː'peɪθɪənz]
Urales (m pl)	The Ural Mountains	[ðɪ 'jʊrəl 'maʊntɪnz]
Cáucaso (m)	The Caucasus Mountains	[ðə 'kɔːkəsəs 'maʊntɪnz]
Elbrus (m)	Mount Elbrus	['maʊnt 'ɛlbruːs]

Altai (m)	The Altai Mountains	[ðɪ ɑːl'taɪ 'maʊntɪnz]
Tian-Shan (m)	The Tian Shan	[ðə tjɛn ʃaːn]
Pamir (m)	The Pamirs	[ðə pə'mɪəz]
Himalayos (m pl)	The Himalayas	[ðə hɪmə'leɪəz]
Everest (m)	Mount Everest	['maʊnt 'ɛvərɪst]

| Andes (m pl) | The Andes | [ðɪ 'ændiːz] |
| Kilimanjaro (m) | Mount Kilimanjaro | ['maʊnt kɪlɪmən'dʒɑːroʊ] |

81. Los ríos

río (m)	river	['rɪvə]
manantial (m)	spring	[sprɪŋ]
lecho (m) (curso de agua)	riverbed	['rɪvəbɛd]

cuenca (f) fluvial	**basin**	['beɪsən]
desembocar en ...	**to flow into ...**	[tʊ 'floʊ 'ɪntʊ ...]
afluente (m)	**tributary**	['trɪbjʊtərɪ]
ribera (f)	**bank**	[bæŋk]
corriente (f)	**current, stream**	['kʌrənt], [stri:m]
río abajo (adv)	**downstream**	['daʊnstri:m]
río arriba (adv)	**upstream**	['ʌpstri:m]
inundación (f)	**inundation**	[ɪnʌn'deɪʃn]
riada (f)	**flooding**	['flʌdɪŋ]
desbordarse (vr)	**to overflow** (vi)	[tʊ oʊvə'floʊ]
inundar (vt)	**to flood** (vt)	[tʊ flʌd]
bajo (m) arenoso	**shallow**	['ʃæloʊ]
rápido (m)	**rapids**	['ræpɪdz]
presa (f)	**dam**	[dæm]
canal (m)	**canal**	[kə'næl]
lago (m) artificiale	**reservoir**	['rɛzəvwɑ:]
esclusa (f)	**sluice, lock**	[slu:s], [lɑ:k]
cuerpo (m) de agua	**water body**	['wɔ:tə 'bɑ:dɪ]
pantano (m)	**swamp**	[swɑ:mp]
ciénaga (f)	**bog, marsh**	[bɑ:g], [mɑ:ʃ]
remolino (m)	**whirlpool**	['wɜ:lpu:l]
arroyo (m)	**stream**	[stri:m]
potable (adj)	**drinking**	['drɪŋkɪŋ]
dulce (agua ~)	**fresh**	[frɛʃ]
hielo (m)	**ice**	[aɪs]
helarse (el lago, etc.)	**to freeze over**	[tʊ fri:z 'oʊvə]

82. Los nombres de los ríos

Sena (m)	**the Seine**	[ðə seɪn]
Loira (m)	**the Loire**	[ðə lwɑ:]
Támesis (m)	**the Thames**	[ðə tɛmz]
Rin (m)	**the Rhine**	[ðə raɪn]
Danubio (m)	**the Danube**	[ðə 'dænju:b]
Volga (m)	**the Volga**	[ðə 'vɒlgə]
Don (m)	**the Don**	[ðə dɒn]
Lena (m)	**the Lena**	[ðə 'leɪnə]
Río (m) Amarillo	**the Yellow River**	[ðɪ 'jɛləʊ 'rɪvə(r)]
Río (m) Azul	**the Yangtze**	[ðɪ 'jæŋtsɪ]

| Mekong (m) | the Mekong | [ðə 'mi:kɒŋ] |
| Ganges (m) | the Ganges | [ðə 'gændʒi:z] |

Nilo (m)	the Nile River	[ðə naɪl 'rɪvə(r)]
Congo (m)	the Congo River	[ðə 'kɒŋgəʊ 'rɪvə(r)]
Okavango (m)	the Okavango River	[ðɪ ˌəkə'væŋgəʊ 'rɪvə(r)]
Zambeze (m)	the Zambezi River	[ðə zæm'bi:zɪ 'rɪvə(r)]
Limpopo (m)	the Limpopo River	[ðə lɪm'pəupəu 'rɪvə(r)]
Misisipi (m)	the Mississippi River	[ðə mɪsɪ'sɪpi 'rɪvə(r)]

83. El bosque

| bosque (m) | forest, wood | ['fɔ:rɪst], [wʊd] |
| de bosque (adj) | forest | ['fɔ:rɪst] |

espesura (f)	thick forest	[θɪk 'fɔ:rɪst]
bosquecillo (m)	grove	['grouv]
claro (m)	clearing	['klɪrɪŋ]

| maleza (f) | thicket | ['θɪkɪt] |
| matorral (m) | scrubland | ['skrʌblænd] |

| senda (f) | footpath | ['fʊtpɑ:θ] |
| barranco (m) | gully | ['gʌli] |

árbol (m)	tree	[tri:]
hoja (f)	leaf	[li:f]
follaje (m)	leaves	[li:vz]

caída (f) de hojas	fall of leaves	[fɔ:l əv li:vz]
caer (las hojas)	to fall (vi)	[tʊ fɔ:l]
cima (f)	top	[tɑ:p]

rama (f)	branch	[bræntʃ]
rama (f) (gruesa)	bough	['baʊ]
brote (m)	bud	[bʌd]
aguja (f)	needle	['ni:dl]
piña (f)	pine cone	[paɪn 'koʊn]

| agujero (m) | tree hollow | [tri: 'hɑ:loʊ] |
| nido (m) | nest | [nɛst] |

tronco (m)	trunk	[trʌŋk]
raíz (f)	root	[ru:t]
corteza (f)	bark	[bɑ:k]
musgo (m)	moss	[mɔ:s]

extirpar (vt)	to uproot (vt)	[tʊ ʌp'ru:t]
talar (vt)	to chop down	[tʊ tʃɑ:p 'daʊn]
deforestar (vt)	to deforest (vt)	[tʊ di:'fɔ:rɪst]

tocón (m)	tree stump	[tri: stʌmp]
hoguera (f)	campfire	['kæmpfaɪə]
incendio (m) forestal	forest fire	['fɔːrɪst 'faɪə]
apagar (~ el incendio)	to extinguish (vt)	[tʊ ɪk'stɪŋgwɪʃ]
guarda (m) forestal	forest ranger	['fɔːrɪst 'reɪndʒə]
protección (f)	protection	[prə'tɛkʃn]
proteger (vt)	to protect (vt)	[tʊ prə'tɛkt]
cazador (m) furtivo	poacher	['poʊtʃə]
cepo (m)	jaw trap	[dʒɔː træp]
recoger (setas, bayas)	to gather, to pick (vt)	[tʊ 'gæðə], [tʊ pɪk]
recoger (setas)	to pick (vt)	[tʊ pɪk]
recoger (bayas)	to pick (vt)	[tʊ pɪk]
perderse (vr)	to lose one's way	[tʊ luːz wʌnz weɪ]

84. Los recursos naturales

recursos (m pl) naturales	natural resources	['nætʃərəl 'riːsɔːsɪz]
recursos (m pl) subterráneos	underground resources	['ʌndəgraʊnd 'riːsɔːsɪz]
depósitos (m pl)	deposits	[dɪ'pɑːzɪts]
yacimiento (m)	field	[fiːld]
extraer (vt)	to mine (vt)	[tʊ maɪn]
extracción (f)	mining	['maɪnɪŋ]
mena (f)	ore	[ɔː]
mina (f)	mine	[maɪn]
pozo (m) de mina	shaft	[ʃæft]
minero (m)	miner	['maɪnə]
gas (m)	gas	[gæs]
gasoducto (m)	gas pipeline	[gæs 'paɪplaɪn]
petróleo (m)	oil, petroleum	[ɔɪl], [pɪ'troʊlɪəm]
oleoducto (m)	oil pipeline	[ɔɪl 'paɪplaɪn]
pozo (m) de petróleo	oil well	[ɔɪl wɛl]
torre (f) de sondeo	derrick	['dɛrɪk]
petrolero (m)	tanker	['tæŋkə]
arena (f)	sand	[sænd]
caliza (f)	limestone	['laɪmstoʊn]
grava (f)	gravel	['grævəl]
turba (f)	peat	[piːt]
arcilla (f)	clay	[kleɪ]
carbón (m)	coal	['koʊl]
hierro (m)	iron	['aɪrən]
oro (m)	gold	['goʊld]
plata (f)	silver	['sɪlvə]
níquel (m)	nickel	['nɪkəl]

cobre (m)	copper	['kɑ:pə]
zinc (m)	zinc	[zɪŋk]
manganeso (m)	manganese	['mæŋgəni:z]
mercurio (m)	mercury	['mɜ:kjʊrɪ]
plomo (m)	lead	[lɛd]

mineral (m)	mineral	['mɪnərəl]
cristal (m)	crystal	['krɪstəl]
mármol (m)	marble	['mɑ:bl]
uranio (m)	uranium	[jʊ'reɪnɪəm]

85. El tiempo

tiempo (m)	weather	['wɛðə]
previsión (f) del tiempo	weather forecast	['wɛðə 'fɔ:kæst]
temperatura (f)	temperature	['tɛmprətʃə]
termómetro (m)	thermometer	[θə'mɑ:mɪtə]
barómetro (m)	barometer	[bə'rɑ:mɪtə]

húmedo (adj)	humid	['hju:mɪd]
humedad (f)	humidity	[hju:'mɪdətɪ]
bochorno (m)	heat	[hi:t]
tórrido (adj)	hot, torrid	[hɑ:t], ['tɔ:rɪd]
hace mucho calor	it's hot	[ɪts hɑ:t]

| hace calor (templado) | it's warm | [ɪts wɔ:m] |
| templado (adj) | warm | [wɔ:m] |

| hace frío | it's cold | [ɪts 'koʊld] |
| frío (adj) | cold | ['koʊld] |

sol (m)	sun	[sʌn]
brillar (vi)	to shine (vi)	[tʊ ʃaɪn]
soleado (un día ~)	sunny	['sʌnɪ]
elevarse (el sol)	to come up (vi)	[tʊ kʌm ʌp]
ponerse (vr)	to set (vi)	[tʊ sɛt]

nube (f)	cloud	['klaʊd]
nuboso (adj)	cloudy	['klaʊdɪ]
nubarrón (m)	rain cloud	[reɪn 'klaʊd]
nublado (adj)	somber	['sɑ:mbə]

lluvia (f)	rain	[reɪn]
está lloviendo	it's raining	[ɪts 'reɪnɪŋ]
lluvioso (adj)	rainy	['reɪnɪ]
lloviznar (vi)	to drizzle (vi)	[tʊ 'drɪzl]

aguacero (m)	pouring rain	['pɔ:rɪŋ reɪn]
chaparrón (m)	downpour	['daʊnpɔ:]
fuerte (la lluvia ~)	heavy	['hɛvɪ]

| charco (m) | puddle | ['pʌdl] |
| mojarse (vr) | to get wet | [tʊ gɛt wɛt] |

niebla (f)	fog, mist	[fɑːg], [mɪst]
nebuloso (adj)	foggy	['fɑːgɪ]
nieve (f)	snow	['snoʊ]
está nevando	it's snowing	[ɪts 'snoʊɪŋ]

86. Los eventos climáticos severos. Los desastres naturales

tormenta (f)	thunderstorm	['θʌndəstɔːm]
relámpago (m)	lightning	['laɪtnɪŋ]
relampaguear (vi)	to flash (vi)	[tʊ flæʃ]

trueno (m)	thunder	['θʌndə]
tronar (vi)	to thunder (vi)	[tʊ 'θʌndə]
está tronando	it's thundering	[ɪts 'θʌndərɪŋ]

| granizo (m) | hail | [heɪl] |
| está granizando | it's hailing | [ɪts heɪlɪŋ] |

| inundar (vt) | to flood (vt) | [tʊ flʌd] |
| inundación (f) | flood | [flʌd] |

terremoto (m)	earthquake	['ɜːθkweɪk]
sacudida (f)	tremor, shock	['trɛmə], [ʃɑːk]
epicentro (m)	epicenter	['ɛpɪsɛntə]

| erupción (f) | eruption | [ɪ'rʌpʃn] |
| lava (f) | lava | ['lɑːvə] |

torbellino (m), tornado (m)	twister, tornado	['twɪstə], [tɔː'neɪdoʊ]
torbellino (m)	twister	['twɪstə]
tornado (m)	tornado	[tɔː'neɪdoʊ]
tifón (m)	typhoon	[taɪ'fuːn]

huracán (m)	hurricane	['hʌrɪkeɪn]
tempestad (f)	storm	[stɔːm]
tsunami (m)	tsunami	[tsuː'nɑːmɪ]

ciclón (m)	cyclone	['saɪkloʊn]
mal tiempo (m)	bad weather	[bæd 'wɛðə]
incendio (m)	fire	['faɪə]
catástrofe (f)	disaster	[dɪ'zæstə]
meteorito (m)	meteorite	['miːtɪəraɪt]

avalancha (f)	avalanche	['ævəlɑːnʃ]
alud (m) de nieve	snowslide	['snoʊslaɪd]
ventisca (f)	blizzard	['blɪzəd]
nevasca (f)	snowstorm	['snoʊstɔːm]

BOOKS

LA FAUNA

T&P Books Publishing

87. Los mamíferos. Los predadores

carnívoro (m)	**predator**	['prɛdətə]
tigre (m)	**tiger**	['taɪgə]
león (m)	**lion**	['laɪən]
lobo (m)	**wolf**	[wʊlf]
zorro (m)	**fox**	[fɑːks]
jaguar (m)	**jaguar**	['dʒægwɑ]
leopardo (m)	**leopard**	['lɛpəd]
guepardo (m)	**cheetah**	['ʧiːtə]
pantera (f)	**black panther**	[blæk 'pænθə]
puma (f)	**puma**	['puːmə]
leopardo (m) de las nieves	**snow leopard**	[snoʊ 'lɛpəd]
lince (m)	**lynx**	[lɪnks]
coyote (m)	**coyote**	[kaɪ'oʊtɪ]
chacal (m)	**jackal**	['dʒækəl]
hiena (f)	**hyena**	[haɪ'iːnə]

88. Los animales salvajes

animal (m)	**animal**	['ænɪməl]
bestia (f)	**beast**	[biːst]
ardilla (f)	**squirrel**	['skwɜːrəl]
erizo (m)	**hedgehog**	['hɛdʒhɔːg]
liebre (f)	**hare**	[hɛə]
conejo (m)	**rabbit**	['ræbɪt]
tejón (m)	**badger**	['bædʒə]
mapache (m)	**raccoon**	[rə'kuːn]
hámster (m)	**hamster**	['hæmstə]
marmota (f)	**marmot**	['mɑːmət]
topo (m)	**mole**	['moʊl]
ratón (m)	**mouse**	['maʊs]
rata (f)	**rat**	[ræt]
murciélago (m)	**bat**	[bæt]
armiño (m)	**ermine**	['ɜːmɪn]
cebellina (f)	**sable**	['seɪbl]
marta (f)	**marten**	['mɑːtɪn]

comadreja (f)	**weasel**	['wɪːzl]
visón (m)	**mink**	[mɪŋk]
castor (m)	**beaver**	['biːvə]
nutria (f)	**otter**	['ɑːtə]
caballo (m)	**horse**	[hɔːs]
alce (m)	**moose**	[muːs]
ciervo (m)	**deer**	[dɪə]
camello (m)	**camel**	['kæməl]
bisonte (m)	**bison**	['baɪsən]
uro (m)	**wisent**	['wiːzənt]
búfalo (m)	**buffalo**	['bʌfəloʊ]
cebra (f)	**zebra**	['ziːbrə]
antílope (m)	**antelope**	['æntɪloʊp]
corzo (m)	**roe deer**	['roʊ dɪə]
gamo (m)	**fallow deer**	['fæloʊ dɪə]
gamuza (f)	**chamois**	['ʃæmwɑː]
jabalí (m)	**wild boar**	[waɪld 'bɔː]
ballena (f)	**whale**	[weɪl]
foca (f)	**seal**	[siːl]
morsa (f)	**walrus**	['wɔːlrəs]
oso (m) marino	**fur seal**	[fɜː siːl]
delfín (m)	**dolphin**	['dɑːlfɪn]
oso (m)	**bear**	[bɛə]
oso (m) blanco	**polar bear**	['poʊlə bɛə]
panda (f)	**panda**	['pændə]
mono (m)	**monkey**	['mʌŋkɪ]
chimpancé (m)	**chimpanzee**	[tʃɪmpæn'ziː]
orangután (m)	**orangutan**	[ɔː'ræŋɡətæn]
gorila (m)	**gorilla**	[ɡə'rɪlə]
macaco (m)	**macaque**	[mə'kɑːk]
gibón (m)	**gibbon**	['ɡɪbən]
elefante (m)	**elephant**	['ɛlɪfənt]
rinoceronte (m)	**rhinoceros**	[raɪ'nɑːsərəs]
jirafa (f)	**giraffe**	[dʒə'ræf]
hipopótamo (m)	**hippopotamus**	[hɪpə'pɑːtəməs]
canguro (m)	**kangaroo**	[kæŋɡə'ruː]
koala (f)	**koala**	[koʊ'ɑːlə]
mangosta (f)	**mongoose**	['mɑːŋɡuːs]
chinchilla (f)	**chinchilla**	[tʃɪn'tʃɪlə]
mofeta (f)	**skunk**	[skʌŋk]
espín (m)	**porcupine**	['pɔːkjʊpaɪn]

89. Los animales domésticos

gata (f)	cat	[kæt]
gato (m)	tomcat	['tɑ:mkæt]
perro (m)	dog	[dɔ:g]
caballo (m)	horse	[hɔ:s]
garañón (m)	stallion	['stælɪən]
yegua (f)	mare	[mɛə]
vaca (f)	cow	['kaʊ]
toro (m)	bull	[bʊl]
buey (m)	ox	[ɑ:ks]
oveja (f)	sheep	[ʃi:p]
carnero (m)	ram	[ræm]
cabra (f)	goat	['goʊt]
cabrón (m)	he-goat	['hi: goʊt]
asno (m)	donkey	['dɔ:ŋkɪ]
mulo (m)	mule	[mju:l]
cerdo (m)	pig, hog	[pɪg], [hɔ:g]
cerdito (m)	piglet	['pɪglɪt]
conejo (m)	rabbit	['ræbɪt]
gallina (f)	hen	[hɛn]
gallo (m)	rooster	['ru:stə]
pato (m)	duck	[dʌk]
ánade (m)	drake	[dreɪk]
ganso (m)	goose	[gu:s]
pavo (m)	tom turkey, gobbler	[tɑ:m 'tɜ:kɪ], ['gɑ:blə]
pava (f)	turkey	['tɜ:kɪ]
animales (m pl) domésticos	domestic animals	[də'mɛstɪk 'ænɪməlz]
domesticado (adj)	tame	[teɪm]
domesticar (vt)	to tame (vt)	[tʊ teɪm]
criar (vt)	to breed (vt)	[tʊ bri:d]
granja (f)	farm	[fɑ:m]
aves (f pl) de corral	poultry	['poʊltrɪ]
ganado (m)	cattle	['kætl]
rebaño (m)	herd	[hɜ:d]
caballeriza (f)	stable	['steɪbl]
porqueriza (f)	pigpen	['pɪgpɛn]
vaquería (f)	cowshed	['kaʊʃɛd]
conejal (m)	rabbit hutch	['ræbɪt hʌtʃ]
gallinero (m)	hen house	['hɛn 'haʊs]

90. Los pájaros

pájaro (m)	bird	[bɜ:d]
paloma (f)	pigeon	['pɪʤɪn]
gorrión (m)	sparrow	['spærou]
carbonero (m)	tit	[tɪt]
urraca (f)	magpie	['mægpaɪ]

cuervo (m)	raven	['reɪvən]
corneja (f)	crow	['krou]
chova (f)	jackdaw	['ʤækdɔ:]
grajo (m)	rook	[rʊk]

pato (m)	duck	[dʌk]
ganso (m)	goose	[gu:s]
faisán (m)	pheasant	['fɛzənt]

águila (f)	eagle	['i:gl]
azor (m)	hawk	[hɔ:k]
halcón (m)	falcon	['fɑ:lkən]
buitre (m)	vulture	['vʌltʃə]
cóndor (m)	condor	['kɑ:ndɔ:]

cisne (m)	swan	[swɑ:n]
grulla (f)	crane	[kreɪn]
cigüeña (f)	stork	[stɔ:k]

loro (m), papagayo (m)	parrot	['pærət]
colibrí (m)	hummingbird	['hʌmɪŋbɜ:d]
pavo (m) real	peacock	['pi:kɑ:k]

avestruz (m)	ostrich	['ɑ:strɪʧ]
garza (f)	heron	['hɛrən]
flamenco (m)	flamingo	[fle'mɪŋgou]
pelícano (m)	pelican	['pɛlɪkən]

| ruiseñor (m) | nightingale | ['naɪtɪŋgeɪl] |
| golondrina (f) | swallow | ['swɑ:lou] |

tordo (m)	thrush	[θrʌʃ]
zorzal (m)	song thrush	[sɔ:ŋ θrʌʃ]
mirlo (m)	blackbird	['blækbɜ:d]

vencejo (m)	swift	[swɪft]
alondra (f)	lark	[lɑ:k]
codorniz (f)	quail	[kweɪl]

pájaro carpintero (m)	woodpecker	['wʊdpɛkə]
cuco (m)	cuckoo	['kʊku:]
lechuza (f)	owl	['aʊl]
búho (m)	eagle owl	['i:gl 'aʊl]

urogallo (m)	wood grouse	[wʊd 'graʊs]
gallo lira (m)	black grouse	[blæk 'graʊs]
perdiz (f)	partridge	['pɑːtrɪʤ]

estornino (m)	starling	['stɑːlɪŋ]
canario (m)	canary	[kə'nɛrɪ]
ortega (f)	hazel grouse	['heɪzəl 'graʊs]
pinzón (m)	chaffinch	['ʧæfɪnʧ]
camachuelo (m)	bullfinch	['bʊlfɪnʧ]

gaviota (f)	seagull	['siːgʌl]
albatros (m)	albatross	['ælbətrɔːs]
pingüino (m)	penguin	['pɛŋgwɪn]

91. Los peces. Los animales marinos

brema (f)	bream	[briːm]
carpa (f)	carp	[kɑːp]
perca (f)	perch	[pɜːʧ]
siluro (m)	catfish	['kætfɪʃ]
lucio (m)	pike	[paɪk]

| salmón (m) | salmon | ['sæmən] |
| esturión (m) | sturgeon | ['stɜːʤən] |

arenque (m)	herring	['hɛrɪŋ]
salmón (m) del Atlántico	Atlantic salmon	[ət'læntɪk 'sæmən]
caballa (f)	mackerel	['mækərəl]
lenguado (m)	flatfish	['flætfɪʃ]

lucioperca (f)	pike perch	[paɪk pɜːʧ]
bacalao (m)	cod	[kɑːd]
atún (m)	tuna	['tuːnə]
trucha (f)	trout	['traʊt]

anguila (f)	eel	[iːl]
raya (f) eléctrica	electric ray	[ɪ'lɛktrɪk reɪ]
morena (f)	moray eel	['mɔːreɪ iːl]
piraña (f)	piranha	[pɪ'rɑːnə]

tiburón (m)	shark	[ʃɑːk]
delfín (m)	dolphin	['dɑːlfɪn]
ballena (f)	whale	[weɪl]

centolla (f)	crab	[kræb]
medusa (f)	jellyfish	['ʤɛlɪfɪʃ]
pulpo (m)	octopus	['ɑːktəpəs]

| estrella (f) de mar | starfish | ['stɑːfɪʃ] |
| erizo (m) de mar | sea urchin | [siː 'ɜːʧɪn] |

caballito (m) de mar	seahorse	['si:hɔːs]
ostra (f)	oyster	['ɔɪstə]
camarón (m)	shrimp	[ʃrɪmp]
bogavante (m)	lobster	['lɑːbstə]
langosta (f)	spiny lobster	['spaɪnɪ 'lɑːbstə]

92. Los anfibios. Los reptiles

| serpiente (f) | snake | [sneɪk] |
| venenoso (adj) | venomous | ['vɛnəməs] |

víbora (f)	viper	['vaɪpə]
cobra (f)	cobra	['koʊbrə]
pitón (m)	python	['paɪθən]
boa (f)	boa	['boʊə]

culebra (f)	grass snake	[græs sneɪk]
serpiente (m) de cascabel	rattle snake	['rætl sneɪk]
anaconda (f)	anaconda	[ænə'kɑːndə]

lagarto (m)	lizard	['lɪzəd]
iguana (f)	iguana	[ɪ'gwɑːnə]
varano (m)	monitor lizard	['mɑːnɪtə 'lɪzəd]
salamandra (f)	salamander	['sæləmændə]
camaleón (m)	chameleon	[kə'miːlɪən]
escorpión (m)	scorpion	['skɔːpɪən]

tortuga (f)	turtle	['tɜːtl]
rana (f)	frog	[frɔːg]
sapo (m)	toad	['toʊd]
cocodrilo (m)	crocodile	['krɑːkədaɪl]

93. Los insectos

insecto (m)	insect, bug	['ɪnsɛkt], [bʌg]
mariposa (f)	butterfly	['bʌtəflaɪ]
hormiga (f)	ant	[ænt]
mosca (f)	fly	[flaɪ]
mosquito (m) (picadura de ~)	mosquito	[mə'skiːtoʊ]
escarabajo (m)	beetle	['biːtl]

avispa (f)	wasp	[wɑːsp]
abeja (f)	bee	[biː]
abejorro (m)	bumblebee	['bʌmbl̩biː]
moscardón (m)	gadfly	['gædflaɪ]
araña (f)	spider	['spaɪdə]
telaraña (f)	spiderweb	['spaɪdəwɛb]

libélula (f)	**dragonfly**	['drægənflaɪ]
saltamontes (m)	**grasshopper**	['græshɑ:pə]
mariposa (f) nocturna	**moth**	[mɔ:θ]
cucaracha (f)	**cockroach**	['kɑ:kroʊʧ]
garrapata (f)	**tick**	[tɪk]
pulga (f)	**flea**	[fli:]
mosca (f) negra	**midge**	[mɪdʒ]
langosta (f)	**locust**	['loʊkəst]
caracol (m)	**snail**	[sneɪl]
grillo (m)	**cricket**	['krɪkɪt]
luciérnaga (f)	**lightning bug**	['laɪtnɪŋ bʌg]
mariquita (f)	**ladybug**	['leɪdɪbʌg]
sanjuanero (m)	**cockchafer**	['kɑ:kʧeɪfə]
sanguijuela (f)	**leech**	[li:ʧ]
oruga (f)	**caterpillar**	['kætəpɪlə]
lombriz (m) de tierra	**earthworm**	['ɜ:θwɜ:m]
larva (f)	**larva**	['lɑ:və]

LA FLORA

T&P Books Publishing

árbol (m)	**tree**	[tri:]
foliáceo (adj)	**deciduous**	[dɪ'sɪʤʊəs]
conífero (adj)	**coniferous**	[kə'nɪfərəs]
de hoja perenne	**evergreen**	['ɛvəgri:n]
manzano (m)	**apple tree**	[æpl tri:]
peral (m)	**pear tree**	['pɛə tri:]
cerezo (m), guindo (m)	**cherry tree**	['ʧɛrɪ tri:]
cerezo (m)	**sweet cherry tree**	[swi:t 'ʧɛrɪ tri:]
guindo (m)	**sour cherry tree**	['saʊə 'ʧɛrɪ tri:]
ciruelo (m)	**plum tree**	[plʌm tri:]
abedul (m)	**birch**	[bɜ:ʧ]
roble (m)	**oak**	['oʊk]
tilo (m)	**linden tree**	['lɪndən tri:]
pobo (m)	**aspen**	['æspən]
arce (m)	**maple**	['meɪpl]
pícea (f)	**spruce**	[spru:s]
pino (m)	**pine**	[paɪn]
alerce (m)	**larch**	[lɑ:ʧ]
abeto (m)	**fir**	[fɜ:]
cedro (m)	**cedar**	['si:də]
álamo (m)	**poplar**	['pɑ:plə]
serbal (m)	**rowan**	['roʊən]
sauce (m)	**willow**	['wɪloʊ]
aliso (m)	**alder**	['ɔ:ldə]
haya (f)	**beech**	[bi:ʧ]
olmo (m)	**elm**	[ɛlm]
fresno (m)	**ash**	[æʃ]
castaño (m)	**chestnut**	['ʧɛsnʌt]
magnolia (f)	**magnolia**	[mæg'noʊlɪə]
palmera (f)	**palm tree**	[pɑ:m tri:]
ciprés (m)	**cypress**	['saɪprəs]
mangle (m)	**mangrove**	['mæŋgroʊv]
baobab (m)	**baobab**	['beɪoʊbæb]
eucalipto (m)	**eucalyptus**	[ju:kə'lɪptəs]
secoya (f)	**sequoia**	[sɪ'kwɔɪə]

95. Los arbustos

mata (f)	**bush**	[bʊʃ]
arbusto (m)	**shrub**	[ʃrʌb]
vid (f)	**grapevine**	['greɪpvaɪn]
viñedo (m)	**vineyard**	['vɪnjəd]
frambueso (m)	**raspberry bush**	['ræzbərɪ bʊʃ]
grosellero (m) negro	**blackcurrant bush**	[blæk'kɜːrənt bʊʃ]
grosellero (m) rojo	**redcurrant bush**	[rɛd'kɜːrənt bʊʃ]
grosellero (m) espinoso	**gooseberry bush**	['guːzbərɪ bʊʃ]
acacia (f)	**acacia**	[ə'keɪʃə]
berberís (m)	**barberry**	['bɑːbərɪ]
jazmín (m)	**jasmine**	['dʒæzmɪn]
enebro (m)	**juniper**	['dʒuːnɪpə]
rosal (m)	**rosebush**	['rouzbʊʃ]
escaramujo (m)	**dog rose**	[dɔːg 'rouz]

96. Las frutas. Las bayas

fruto (m)	**fruit**	[fruːt]
frutos (m pl)	**fruits**	[fruːts]
manzana (f)	**apple**	[æpl]
pera (f)	**pear**	[pɛə]
ciruela (f)	**plum**	[plʌm]
fresa (f)	**strawberry**	['strɔːbərɪ]
guinda (f), cereza (f)	**cherry**	['tʃerɪ]
guinda (f)	**sour cherry**	['saʊə 'tʃerɪ]
cereza (f)	**sweet cherry**	[swiːt 'tʃerɪ]
uva (f)	**grapes**	[greɪps]
frambuesa (f)	**raspberry**	['ræzbərɪ]
grosella (f) negra	**blackcurrant**	[blæk'kɜːrənt]
grosella (f) roja	**redcurrant**	[rɛd'kɜːrənt]
grosella (f) espinosa	**gooseberry**	['guːzbərɪ]
arándano (m) agrio	**cranberry**	['krænbərɪ]
naranja (f)	**orange**	['ɔːrɪndʒ]
mandarina (f)	**mandarin**	['mændərɪn]
piña (f)	**pineapple**	['paɪnˌæpl]
banana (f)	**banana**	[bə'nɑːnə]
dátil (m)	**date**	[deɪt]
limón (m)	**lemon**	['lɛmən]
albaricoque (m)	**apricot**	['æprɪkɑːt]

melocotón (m)	**peach**	[pi:tʃ]
kiwi (m)	**kiwi**	['ki:wi:]
toronja (f)	**grapefruit**	['greɪpfru:t]
baya (f)	**berry**	['bɛrɪ]
bayas (f pl)	**berries**	['bɛrɪ:z]
arándano (m) rojo	**cowberry**	['kaʊbɛrɪ]
fresa (f) silvestre	**wild strawberry**	['waɪld 'strɔ:bərɪ]
arándano (m)	**bilberry**	['bɪlbərɪ]

97. Las flores. Las plantas

flor (f)	**flower**	['flaʊə]
ramo (m) de flores	**bouquet**	[bʊ'keɪ]
rosa (f)	**rose**	['roʊz]
tulipán (m)	**tulip**	['tu:lɪp]
clavel (m)	**carnation**	[kɑ:'neɪʃn]
gladiolo (m)	**gladiolus**	[glædɪ'oʊləs]
aciano (m)	**cornflower**	['kɔ:nflaʊə]
campanilla (f)	**harebell**	['hɛəbɛl]
diente (m) de león	**dandelion**	['dændɪlaɪən]
manzanilla (f)	**camomile**	['kæməmaɪl]
áloe (m)	**aloe**	['æloʊ]
cacto (m)	**cactus**	['kæktəs]
ficus (m)	**rubber plant, ficus**	['rʌbə plænt], ['faɪkəs]
azucena (f)	**lily**	['lɪlɪ]
geranio (m)	**geranium**	[dʒə'reɪnɪəm]
jacinto (m)	**hyacinth**	['haɪəsɪnθ]
mimosa (f)	**mimosa**	[mɪ'moʊzə]
narciso (m)	**narcissus**	[nɑ:'sɪsəs]
capuchina (f)	**nasturtium**	[nəs'tɜ:ʃəm]
orquídea (f)	**orchid**	['ɔ:kɪd]
peonía (f)	**peony**	['pi:ənɪ]
violeta (f)	**violet**	['vaɪələt]
trinitaria (f)	**pansy**	['pænzɪ]
nomeolvides (f)	**forget-me-not**	[fə'gɛt mi nɑ:t]
margarita (f)	**daisy**	['deɪzɪ]
amapola (f)	**poppy**	['pɑ:pɪ]
cáñamo (m)	**hemp**	[hɛmp]
menta (f)	**mint**	[mɪnt]
muguete (m)	**lily of the valley**	['lɪlɪ əv ðə 'vælɪ]
campanilla (f) de las nieves	**snowdrop**	['snoʊdrɑ:p]

ortiga (f)	nettle	['nɛtl]
acedera (f)	sorrel	['sɔːrəl]
nenúfar (m)	water lily	['wɔːtə 'lɪlɪ]
helecho (m)	fern	[fɜːn]
liquen (m)	lichen	['laɪkən]

invernadero (m) tropical	conservatory	[kən'sɜːvətɔːrɪ]
césped (m)	lawn	[lɔːn]
macizo (m) de flores	flowerbed	['flaʊəbɛd]

planta (f)	plant	[plænt]
hierba (f)	grass	[grɑːs]
hoja (f) de hierba	blade of grass	[bleɪd əv grɑːs]

hoja (f)	leaf	[liːf]
pétalo (m)	petal	['pɛtl]
tallo (m)	stem	[stɛm]
tubérculo (m)	tuber	['tuːbə]

| retoño (m) | young plant | [jʌŋ plænt] |
| espina (f) | thorn | [θɔːn] |

florecer (vi)	to blossom (vi)	[tʊ 'blɑːsəm]
marchitarse (vr)	to fade (vi)	[tʊ feɪd]
olor (m)	smell	[smɛl]
cortar (vt)	to cut (vt)	[tʊ kʌt]
coger (una flor)	to pick (vt)	[tʊ pɪk]

98. Los cereales, los granos

grano (m)	grain	[greɪn]
cereales (m pl) (plantas)	cereal crops	['sɪrɪəl krɑːps]
espiga (f)	ear	[ɪə]

trigo (m)	wheat	[wiːt]
centeno (m)	rye	[raɪ]
avena (f)	oats	['oʊts]

| mijo (m) | millet | ['mɪlɪt] |
| cebada (f) | barley | ['bɑːlɪ] |

maíz (m)	corn	[kɔːn]
arroz (m)	rice	[raɪs]
alforfón (m)	buckwheat	['bʌkwiːt]

guisante (m)	pea	[piː]
fréjol (m)	kidney beans	['kɪdnɪ biːnz]
soya (f)	soy	['sɔɪ]
lenteja (f)	lentil	['lɛntɪl]
habas (f pl)	beans	[biːnz]

LOS PAÍSES

T&P Books Publishing

Afganistán (m)	**Afghanistan**	[æf'gænɪstæn]
Albania (f)	**Albania**	[æl'beɪnɪə]
Alemania (f)	**Germany**	['dʒɜ:mənɪ]
Arabia (f) Saudita	**Saudi Arabia**	['saʊdɪ ə'reɪbɪə]
Argentina (f)	**Argentina**	[ɑ:dʒən'ti:nə]
Armenia (f)	**Armenia**	[ɑ:'mi:nɪə]
Australia (f)	**Australia**	[ɔ:'streɪlɪə]
Austria (f)	**Austria**	['ɔ:strɪə]
Azerbaiyán (m)	**Azerbaijan**	[ˌæzəbaɪ'dʒɑ:n]
Bangladesh (m)	**Bangladesh**	[ˌbæŋglə'dɛʃ]
Bélgica (f)	**Belgium**	['bɛldʒəm]
Bielorrusia (f)	**Belarus**	[bɛlə'ru:s]
Bolivia (f)	**Bolivia**	[bo'lɪvɪə]
Bosnia y Herzegovina	**Bosnia and Herzegovina**	['bɑ:znɪə ənd hɜ:tsəgə'vi:nə]
Brasil (m)	**Brazil**	[brə'zɪl]
Bulgaria (f)	**Bulgaria**	[bʊl'gɛrɪə]
Camboya (f)	**Cambodia**	[kæm'boʊdɪə]
Canadá (f)	**Canada**	['kænədə]
Chequia (f)	**Czech Republic**	[tʃɛk rɪ'pʌblɪk]
Chile (m)	**Chile**	['tʃɪlɪ]
China (f)	**China**	['tʃaɪnə]
Chipre (m)	**Cyprus**	['saɪprəs]
Colombia (f)	**Colombia**	[kə'lʌmbɪə]
Corea (f) del Norte	**North Korea**	[nɔ:θ kə'rɪə]
Corea (f) del Sur	**South Korea**	['saʊθ kə'rɪə]
Croacia (f)	**Croatia**	[kroʊ'eɪʃə]
Cuba (f)	**Cuba**	['kju:bə]
Dinamarca (f)	**Denmark**	['dɛnmɑ:k]
Ecuador (m)	**Ecuador**	['ɛkwədɔ:]
Egipto (m)	**Egypt**	['i:dʒɪpt]
Emiratos (m pl) Árabes Unidos	**United Arab Emirates**	[ju:'naɪtɪd 'ærəb 'ɛmərəts]
Escocia (f)	**Scotland**	['skɑ:tlənd]
Eslovaquia (f)	**Slovakia**	[slə'vækɪə]
Eslovenia	**Slovenia**	[slə'vi:nɪə]
España (f)	**Spain**	[speɪn]
Estados Unidos de América	**The United States of America**	[ðə ju:'naɪtɪd steɪts əv ə'mɛrɪkə]
Estonia (f)	**Estonia**	[ɛs'toʊnɪə]
Finlandia (f)	**Finland**	['fɪnlənd]
Francia (f)	**France**	[fræns]

100. Los países. Unidad 2

Georgia (f)	**Georgia**	['ʤɔːʤə]
Ghana (f)	**Ghana**	['gɑːnə]
Gran Bretaña (f)	**Great Britain**	[greɪt 'brɪtn]
Grecia (f)	**Greece**	[griːs]
Haití (m)	**Haiti**	['heɪtɪ]
Hungría (f)	**Hungary**	['hʌŋgərɪ]
India (f)	**India**	['ɪndɪə]
Indonesia (f)	**Indonesia**	[ɪndə'niːʒə]
Inglaterra (f)	**England**	['ɪŋglənd]
Irak (m)	**Iraq**	[ɪ'rɑːk]
Irán (m)	**Iran**	[ɪ'rɑːn]
Irlanda (f)	**Ireland**	['aɪələnd]
Islandia (f)	**Iceland**	['aɪslənd]
Islas (f pl) Bahamas	**The Bahamas**	[ðə bə'hɑːməz]
Israel (m)	**Israel**	['ɪzreɪl]
Italia (f)	**Italy**	['ɪtəlɪ]
Jamaica (f)	**Jamaica**	[ʤə'meɪkə]
Japón (m)	**Japan**	[ʤə'pæn]
Jordania (f)	**Jordan**	['ʤɔːdən]
Kazajstán (m)	**Kazakhstan**	['kæzɑkstæn]
Kenia (f)	**Kenya**	['kɛnjə]
Kirguizistán (m)	**Kirghizia**	[kɪː'rgɪzɪə]
Kuwait (m)	**Kuwait**	[kʊ'weɪt]
Laos (m)	**Laos**	['laʊs]
Letonia (f)	**Latvia**	['lætvɪə]
Líbano (m)	**Lebanon**	['lɛbənɑn]
Libia (f)	**Libya**	['lɪbɪə]
Liechtenstein (m)	**Liechtenstein**	['lɪktənstaɪn]
Lituania (f)	**Lithuania**	[ˌlɪθu'eɪnjə]
Luxemburgo (m)	**Luxembourg**	['lʌksəmbɜːg]
Macedonia	**North Macedonia**	[nɔːθ ˌmæsɪ'dəʊnɪə]
Madagascar (m)	**Madagascar**	[mædə'gæskə]
Malasia (f)	**Malaysia**	[mə'leɪʒə]
Malta (f)	**Malta**	['mɔːltə]
Marruecos (m)	**Morocco**	[mə'rɑːkəʊ]
Méjico (m)	**Mexico**	['mɛksɪkəʊ]
Moldavia (f)	**Moldavia**	[mɑː'l'davɪə]
Mónaco (m)	**Monaco**	['mɑːnəkəʊ]
Mongolia (f)	**Mongolia**	[mɑːŋ'gəʊlɪə]
Montenegro (m)	**Montenegro**	[mɑːntə'nɛgrəʊ]
Myanmar (m)	**Myanmar**	[mɪæn'mɑː]

101. Los países. Unidad 3

Namibia (f)	**Namibia**	[nə'mɪbɪə]
Nepal (m)	**Nepal**	[nə'pɑl]
Noruega (f)	**Norway**	['nɔ:weɪ]
Nueva Zelanda (f)	**New Zealand**	[nu: 'zi:lənd]
Países Bajos (m pl)	**Netherlands**	['nɛðələndz]
Pakistán (m)	**Pakistan**	['pækɪstæn]
Palestina (f)	**Palestine**	['pæləstaɪn]
Panamá (f)	**Panama**	['pænəmɑː]
Paraguay (m)	**Paraguay**	['pærəgwaɪ]
Perú (m)	**Peru**	[pə'ru:]
Polinesia (f) Francesa	**French Polynesia**	[frɛnʧ pɑ:lɪ'ni:ʒə]
Polonia (f)	**Poland**	['poʊlənd]
Portugal (m)	**Portugal**	['pɔ:ʧʊgəl]
República (f) Dominicana	**Dominican Republic**	[də'mɪnɪkən rɪ'pʌblɪk]
República (f) Sudafricana	**South Africa**	['saʊθ 'æfrɪkə]
Rumania (f)	**Romania**	[rʊ'meɪnɪə]
Rusia (f)	**Russia**	['rʌʃə]
Senegal (m)	**Senegal**	[sɛnɪ'gɔ:l]
Serbia (f)	**Serbia**	['sɜ:bɪə]
Siria (f)	**Syria**	['sɪrɪə]
Suecia (f)	**Sweden**	['swi:dən]
Suiza (f)	**Switzerland**	['swɪtsələnd]
Surinam (m)	**Suriname**	['sʊrɪnæm]
Tayikistán (m)	**Tajikistan**	[tɑː'dʒɪkɪstæn]
Tailandia (f)	**Thailand**	['taɪlænd]
Taiwán (m)	**Taiwan**	[ˌtaɪ'wɑːn]
Tanzania (f)	**Tanzania**	[tænzə'nɪə]
Tasmania (f)	**Tasmania**	[tæz'meɪnɪə]
Túnez (m)	**Tunisia**	[tʊ'nɪʒə]
Turkmenistán (m)	**Turkmenistan**	[tɜ:k'mɛnɪstæn]
Turquía (f)	**Turkey**	['tɜ:kɪ]
Ucrania (f)	**Ukraine**	[ju:'kreɪn]
Uruguay (m)	**Uruguay**	['ʊrəgwaɪ]
Uzbekistán (m)	**Uzbekistan**	[ʊz'bɛkɪstæn]
Vaticano (m)	**Vatican City**	['vætɪkən 'sɪtɪ]
Venezuela (f)	**Venezuela**	[vɛnɪ'zwɛlə]
Vietnam (m)	**Vietnam**	[vjɛt'nɑːm]
Zanzíbar (m)	**Zanzibar**	[zænzɪ'bɑː]

GLOSARIO GASTRONÓMICO

Esta sección contiene una
gran cantidad de palabras y
términos asociados con la
comida. Este diccionario le hará
más fácil la comprensión
del menú de un restaurante y
la elección del plato adecuado

T&P Books Publishing

¡Que aproveche!	**Enjoy your meal!**	[ɪn'dʒɔɪ jɔː miːl]
abrebotellas (m)	**bottle opener**	[bɑːtl 'oʊpənə]
abrelatas (m)	**can opener**	[kæn 'oʊpənə]
aceite (m) de girasol	**sunflower oil**	['sʌnflaʊə ɔɪl]
aceite (m) de oliva	**olive oil**	['ɑːlɪv ɔɪl]
aceite (m) vegetal	**vegetable oil**	['vɛdʒtəbl ɔɪl]
agua (f)	**water**	['wɔːtə]
agua (f) mineral	**mineral water**	['mɪnərəl 'wɔːtə]
agua (f) potable	**drinking water**	['drɪŋkɪŋ 'wɔːtə]
aguacate (m)	**avocado**	[ævə'kɑːdoʊ]
ahumado (adj)	**smoked**	['smoʊkt]
ajo (m)	**garlic**	['gɑːlɪk]
albahaca (f)	**basil**	['beɪzəl]
albaricoque (m)	**apricot**	['æprɪkɑːt]
alcachofa (f)	**artichoke**	['ɑːtɪtʃoʊk]
alforfón (m)	**buckwheat**	['bʌkwiːt]
almendra (f)	**almond**	['ɑːmənd]
almuerzo (m)	**lunch**	[lʌntʃ]
amargo (adj)	**bitter**	['bɪtə]
anís (m)	**anise**	[æ'nɪs]
anguila (f)	**eel**	[iːl]
aperitivo (m)	**aperitif**	[əpɛrə'tiːf]
apetito (m)	**appetite**	['æpɪtaɪt]
apio (m)	**celery**	['sɛlərɪ]
arándano (m)	**bilberry**	['bɪlbərɪ]
arándano (m) agrio	**cranberry**	['krænbərɪ]
arándano (m) rojo	**cowberry**	['kaʊbɛrɪ]
arenque (m)	**herring**	['hɛrɪŋ]
arroz (m)	**rice**	[raɪs]
atún (m)	**tuna**	['tuːnə]
avellana (f)	**hazelnut**	['heɪzəlnʌt]
avena (f)	**oats**	['oʊts]
azúcar (m)	**sugar**	['ʃʊgə]
azafrán (m)	**saffron**	['sæfrən]
azucarado, dulce (adj)	**sweet**	[swiːt]
bacalao (m)	**cod**	[kɑːd]
banana (f)	**banana**	[bə'nɑːnə]
bar (m)	**pub, bar**	[pʌb], [bɑː]
barman (m)	**bartender**	['bɑːrˌtɛndə]
batido (m)	**milkshake**	[mɪlk ʃeɪk]
baya (f)	**berry**	['bɛrɪ]
bayas (f pl)	**berries**	['bɛriːz]
bebida (f) sin alcohol	**soft drink**	[sɔːft drɪŋk]
bebidas (f pl) alcohólicas	**liquors**	['lɪkəz]

beicon (m)	bacon	['beɪkən]
berenjena (f)	eggplant	['ɛgplɑ:nt]
bistec (m)	steak	[steɪk]
bocadillo (m)	sandwich	['sænwɪtʃ]
boleto (m) áspero	birch bolete	[bɜ:tʃ bə'li:tə]
boleto (m) castaño	orange-cap boletus	['ɔ:rɪndʒ kæp bə'li:təs]
brócoli (m)	broccoli	['brɑ:kəlɪ]
brema (f)	bream	[bri:m]
cóctel (m)	cocktail	['kɑ:kteɪl]
caballa (f)	mackerel	['mækərəl]
cacahuete (m)	peanut	['pi:nʌt]
café (m)	coffee	['kɔ:fɪ]
café (m) con leche	coffee with milk	['kɔ:fɪ wɪð mɪlk]
café (m) solo	black coffee	[blæk 'kɔ:fɪ]
café (m) soluble	instant coffee	['ɪnstənt 'kɔ:fɪ]
calabacín (m)	zucchini	[zu:'ki:nɪ]
calabaza (f)	pumpkin	['pʌmpkɪn]
calamar (m)	squid	[skwɪd]
caldo (m)	clear soup	[klɪə su:p]
caliente (adj)	hot	[hɑ:t]
caloría (f)	calorie	['kælərɪ]
camarón (m)	shrimp	[ʃrɪmp]
camarera (f)	waitress	['weɪtrəs]
camarero (m)	waiter	['weɪtə]
canela (f)	cinnamon	['sɪnəmən]
cangrejo (m) de mar	crab	[kræb]
capuchino (m)	cappuccino	[kæpʊ'tʃi:noʊ]
caramelo (m)	candy	['kændɪ]
carbohidratos (m pl)	carbohydrates	[kɑ:boʊ'haɪdreɪts]
carne (f)	meat	[mi:t]
carne (f) de carnero	lamb	[læm]
carne (f) de cerdo	pork	[pɔ:k]
carne (f) de ternera	veal	[vi:l]
carne (f) de vaca	beef	[bi:f]
carne (f) picada	ground meat	['graʊnd mi:t]
carpa (f)	carp	[kɑ:p]
carta (f) de vinos	wine list	['waɪn lɪst]
carta (f), menú (m)	menu	['mɛnju:]
caviar (m)	caviar	['kævɪɑ:]
caza (f) menor	game	[geɪm]
cebada (f)	barley	['bɑ:lɪ]
cebolla (f)	onion	['ʌnjən]
cena (f)	dinner	['dɪnə]
centeno (m)	rye	[raɪ]
cereales (m pl)	cereal crops	['sɪrɪəl krɑ:ps]
cereales (m pl) integrales	groats	[groʊts]
cereza (f)	sweet cherry	[swi:t 'tʃɛrɪ]
cerveza (f)	beer	[bɪə]
cerveza (f) negra	dark beer	[dɑ:k bɪə]
cerveza (f) rubia	light beer	[laɪt bɪə]
champaña (f)	champagne	[ʃæm'peɪn]
chicle (m)	chewing gum	['tʃu:ɪŋ gʌm]

chocolate (m)	**chocolate**	['tʃɑːklət]
cilantro (m)	**coriander**	[kɔːrɪ'ændə]
ciruela (f)	**plum**	[plʌm]
clara (f)	**egg white**	[ɛg waɪt]
clavo (m)	**cloves**	['kloʊvz]
coñac (m)	**cognac**	['koʊnjæk]
cocido en agua (adj)	**boiled**	['bɔɪld]
cocina (f)	**cuisine**	[kwɪ'ziːn]
col (f)	**cabbage**	['kæbɪdʒ]
col (f) de Bruselas	**Brussels sprouts**	['brʌsəlz 'spraʊts]
coliflor (f)	**cauliflower**	['kɔːlɪflaʊə]
colmenilla (f)	**morel**	[mə'rɛl]
comida (f)	**food**	[fuːd]
comino (m)	**caraway**	['kærəweɪ]
con gas	**sparkling**	['spɑːklɪŋ]
con hielo	**with ice**	[wɪð aɪs]
condimento (m)	**condiment**	['kɑːndɪmənt]
conejo (m)	**rabbit**	['ræbɪt]
confitura (f)	**jam**	[dʒæm]
confitura (f)	**jam**	[dʒæm]
congelado (adj)	**frozen**	['froʊzn]
conservas (f pl)	**canned food**	[kænd fuːd]
copa (f) de vino	**glass**	[glæs]
copos (m pl) de maíz	**cornflakes**	['kɔːnfleɪks]
crema (f) de mantequilla	**buttercream**	['bʌtə͵kriːm]
crustáceos (m pl)	**crustaceans**	[krʌ'steɪʃənz]
cuchara (f)	**spoon**	[spuːn]
cuchara (f) de sopa	**soup spoon**	[suːp spuːn]
cucharilla (f)	**teaspoon**	['tiːspuːn]
cuchillo (m)	**knife**	[naɪf]
cuenta (f)	**check**	[tʃɛk]
dátil (m)	**date**	[deɪt]
de chocolate (adj)	**chocolate**	['tʃɑːklət]
desayuno (m)	**breakfast**	['brɛkfəst]
dieta (f)	**diet**	['daɪət]
eneldo (m)	**dill**	[dɪl]
ensalada (f)	**salad**	['sæləd]
entremés (m)	**appetizer**	['æpɪtaɪzə]
espárrago (m)	**asparagus**	[ə'spærəgəs]
espagueti (m)	**spaghetti**	[spə'gɛtɪ]
especia (f)	**spice**	[spaɪs]
espiga (f)	**ear**	[ɪə]
espinaca (f)	**spinach**	['spɪnɪdʒ]
esturión (m)	**sturgeon**	['stɜːdʒən]
fletán (m)	**halibut**	['hælɪbət]
fréjol (m)	**kidney beans**	['kɪdnɪ biːnz]
frío (adj)	**cold**	['koʊld]
frambuesa (f)	**raspberry**	['ræzbərɪ]
fresa (f)	**strawberry**	['strɔːbərɪ]
fresa (f) silvestre	**wild strawberry**	['waɪld 'strɔːbərɪ]
frito (adj)	**fried**	[fraɪd]
fruto (m)	**fruit**	[fruːt]

frutos (m pl)	fruits	[fru:ts]
gachas (f pl)	porridge	['pɔ:rɪdʒ]
galletas (f pl)	cookies	['kʊkɪz]
gallina (f)	chicken	['tʃɪkɪn]
ganso (m)	goose	[gu:s]
gaseoso (adj)	carbonated	['kɑ:bəneɪtɪd]
ginebra (f)	gin	[dʒɪn]
gofre (m)	wafers	['weɪfəz]
granada (f)	pomegranate	['pɑ:mɪgrænɪt]
grano (m)	grain	[greɪn]
grasas (f pl)	fats	[fæts]
grosella (f) espinosa	gooseberry	['gu:zbərɪ]
grosella (f) negra	blackcurrant	[blæk'kɜ:rənt]
grosella (f) roja	redcurrant	[rɛd'kɜ:rənt]
guarnición (f)	side dish	[saɪd dɪʃ]
guinda (f)	sour cherry	['saʊə 'tʃɛrɪ]
guisante (m)	pea	[pi:]
hígado (m)	liver	['lɪvə]
habas (f pl)	beans	[bi:nz]
hamburguesa (f)	hamburger	['hæmbɜ:gə]
harina (f)	flour	['flaʊə]
helado (m)	ice-cream	[aɪs kri:m]
hielo (m)	ice	[aɪs]
higo (m)	fig	[fɪg]
hoja (f) de laurel	bay leaf	[beɪ li:f]
huevo (m)	egg	[ɛg]
huevos (m pl)	eggs	[ɛgz]
huevos (m pl) fritos	fried eggs	[fraɪd ɛgz]
jamón (m)	ham	[hæm]
jamón (m) fresco	gammon	['gæmən]
jengibre (m)	ginger	['dʒɪndʒə]
jugo (m) de tomate	tomato juice	[tə'meɪtoʊ dʒu:s]
kiwi (m)	kiwi	['ki:wi:]
langosta (f)	spiny lobster	['spaɪnɪ 'lɑ:bstə]
leche (f)	milk	[mɪlk]
leche (f) condensada	condensed milk	[kən'dɛnst mɪlk]
lechuga (f)	lettuce	['lɛtɪs]
legumbres (f pl)	vegetables	['vɛdʒtəblz]
lengua (f)	tongue	[tʌŋ]
lenguado (m)	flatfish	['flætfɪʃ]
lenteja (f)	lentil	['lɛntɪl]
licor (m)	liqueur	[lɪ'kɜ:]
limón (m)	lemon	['lɛmən]
limonada (f)	lemonade	[lɛmə'neɪd]
loncha (f)	slice	[slaɪs]
lucio (m)	pike	[paɪk]
lucioperca (f)	pike perch	[paɪk pɜ:tʃ]
maíz (m)	corn	[kɔ:n]
maíz (m)	corn	[kɔ:n]
macarrones (m pl)	pasta	['pæstə]
mandarina (f)	mandarin	['mændərɪn]
mango (m)	mango	['mæŋgoʊ]

mantequilla (f)	butter	['bʌtə]
manzana (f)	apple	[æpl]
margarina (f)	margarine	['mɑːrdʒərən]
marinado (adj)	pickled	['pɪkəld]
mariscos (m pl)	seafood	['siːfuːd]
matamoscas (m)	fly agaric	[flaɪ 'ægərɪk]
mayonesa (f)	mayonnaise	['meɪəneɪz]
melón (m)	melon	['mɛlən]
melocotón (m)	peach	[piːtʃ]
mermelada (f)	marmalade	['mɑːməleɪd]
miel (f)	honey	['hʌnɪ]
miga (f)	crumb	[krʌm]
mijo (m)	millet	['mɪlɪt]
mini tarta (f)	cake	[keɪk]
mondadientes (m)	toothpick	['tuːθpɪk]
mostaza (f)	mustard	['mʌstəd]
nabo (m)	turnip	['tɜːnɪp]
naranja (f)	orange	['ɔːrɪndʒ]
nata (f) agria	sour cream	['saʊə kriːm]
nata (f) líquida	cream	[kriːm]
nuez (f)	walnut	['wɔːlnʌt]
nuez (f) de coco	coconut	['koʊkənʌt]
olivas, aceitunas (f pl)	olives	['ɑːlɪvz]
oronja (f) verde	death cap	[dɛθ kæp]
ostra (f)	oyster	['ɔɪstə]
pan (m)	bread	[brɛd]
papaya (f)	papaya	[pə'paɪə]
paprika (f)	paprika	['pæprɪkə]
pasas (f pl)	raisin	['reɪzən]
pasteles (m pl)	confectionery	[kən'fɛkʃənərɪ]
paté (m)	pâté	['pæteɪ]
patata (f)	potato	[pə'teɪtoʊ]
pato (m)	duck	[dʌk]
pava (f)	turkey	['tɜːkɪ]
pedazo (m)	piece	[piːs]
pepino (m)	cucumber	['kjuːkʌmbə]
pera (f)	pear	[pɛə]
perca (f)	perch	[pɜːtʃ]
perejil (m)	parsley	['pɑːslɪ]
pescado (m)	fish	[fɪʃ]
piña (f)	pineapple	['paɪnˌæpl]
piel (f)	peel	[piːl]
pimienta (f) negra	black pepper	[blæk 'pɛpə]
pimienta (f) roja	red pepper	[rɛd 'pɛpə]
pimiento (m) dulce	bell pepper	[bɛl 'pɛpə]
pistachos (m pl)	pistachios	[pɪ'stɑːʃoʊs]
pizza (f)	pizza	['piːtsə]
platillo (m)	saucer	['sɔːsə]
plato (m)	course, dish	[kɔːs], [dɪʃ]
plato (m)	plate	[pleɪt]
pomelo (m)	grapefruit	['greɪpfruːt]
porción (f)	portion	['pɔːʃn]

postre (m)	dessert	[dɪ'zɜ:t]
propina (f)	tip	[tɪp]
proteínas (f pl)	proteins	['prouti:nz]
pudin (m)	pudding	['pʊdɪŋ]
puré (m) de patatas	mashed potatoes	[mæʃt pə'teɪtoʊz]
queso (m)	cheese	[tʃi:z]
rábano (m)	radish	['rædɪʃ]
rábano (m) picante	horseradish	['hɔ:s,rædɪʃ]
rúsula (f)	russula	['rʌsjʊlə]
rebozuelo (m)	chanterelle	[ʃɑ:ntə'rɛl]
receta (f)	recipe	['rɛsəpɪ]
refresco (m)	refreshing drink	[rɪ'frɛʃɪŋ drɪŋk]
regusto (m)	aftertaste	['æftəteɪst]
relleno (m)	filling	['fɪlɪŋ]
remolacha (f)	beet	[bi:t]
ron (m)	rum	[rʌm]
sésamo (m)	sesame	['sɛsəmɪ]
sabor (m)	taste, flavor	[teɪst], ['fleɪvə]
sabroso (adj)	tasty	['teɪstɪ]
sacacorchos (m)	corkscrew	['kɔ:kskru:]
sal (f)	salt	[sɔ:lt]
salado (adj)	salty	['sɔ:ltɪ]
salchichón (m)	sausage	['sɔ:sɪdʒ]
salchicha (f)	vienna sausage	[vi'ɛnə 'sɔ:sɪdʒ]
salmón (m)	salmon	['sæmən]
salmón (m) del Atlántico	Atlantic salmon	[ət'læntɪk 'sæmən]
salsa (f)	sauce	[sɔ:s]
sandía (f)	watermelon	['wɔ:təmɛlən]
sardina (f)	sardine	[sɑ:'di:n]
seco (adj)	dried	[draɪd]
seta (f)	mushroom	['mʌʃrʊm]
seta (f) comestible	edible mushroom	['ɛdɪbl 'mʌʃrʊm]
seta (f) venenosa	poisonous mushroom	['pɔɪzənəs 'mʌʃrʊm]
seta calabaza (f)	cep	[sɛp]
siluro (m)	catfish	['kætfɪʃ]
sin alcohol	non-alcoholic	[nɑ:n ,ælkə'hɔ:lɪk]
sin gas	still	[stɪl]
sopa (f)	soup	[su:p]
soya (f)	soy	['sɔɪ]
té (m)	tea	[ti:]
té (m) negro	black tea	[blæk ti:]
té (m) verde	green tea	[gri:n ti:]
tallarines (m pl)	noodles	['nu:dlz]
tarta (f)	cake	[keɪk]
tarta (f)	pie	[paɪ]
taza (f)	cup	[kʌp]
tenedor (m)	fork	[fɔ:k]
tiburón (m)	shark	[ʃɑ:k]
tomate (m)	tomato	[tə'meɪtoʊ]
tortilla (f) francesa	omelet	['ɑ:mlət]
trigo (m)	wheat	[wi:t]
trucha (f)	trout	['traʊt]

uva (f)	**grapes**	[greɪps]
vaso (m)	**glass**	[glæs]
vegetariano (adj)	**vegetarian**	[vɛdʒə'tɛrɪən]
vegetariano (m)	**vegetarian**	[vɛdʒə'tɛrɪən]
verduras (f pl)	**greens**	[gri:nz]
vermú (m)	**vermouth**	[vɜ:'mu:θ]
vinagre (m)	**vinegar**	['vɪnɪgə]
vino (m)	**wine**	[waɪn]
vino (m) blanco	**white wine**	[waɪt waɪn]
vino (m) tinto	**red wine**	[rɛd waɪn]
vitamina (f)	**vitamin**	['vaɪtəmɪn]
vodka (m)	**vodka**	['vɑ:dkə]
whisky (m)	**whiskey**	['wɪskɪ]
yema (f)	**egg yolk**	[ɛg 'joʊk]
yogur (m)	**yogurt**	['joʊgət]
zanahoria (f)	**carrot**	['kærət]
zarzamoras (f pl)	**blackberry**	['blækbərɪ]
zumo (m) de naranja	**orange juice**	['ɔ:rɪndʒ dʒu:s]
zumo (m) fresco	**freshly squeezed juice**	['frɛʃlɪ skwi:zd dʒu:s]
zumo (m), jugo (m)	**juice**	[dʒu:s]

aftertaste	['æftəteɪst]	regusto (m)
almond	['ɑːmənd]	almendra (f)
anise	[æ'nɪs]	anís (m)
aperitif	[əpɛrə'tiːf]	aperitivo (m)
appetite	['æpɪtaɪt]	apetito (m)
appetizer	['æpɪtaɪzə]	entremés (m)
apple	[æpl]	manzana (f)
apricot	['æprɪkɑːt]	albaricoque (m)
artichoke	['ɑːtɪtʃoʊk]	alcachofa (f)
asparagus	[ə'spærəgəs]	espárrago (m)
Atlantic salmon	[ət'læntɪk 'sæmən]	salmón (m) del Atlántico
avocado	[ævə'kɑːdoʊ]	aguacate (m)
bacon	['beɪkən]	beicon (m)
banana	[bə'nɑːnə]	banana (f)
barley	['bɑːlɪ]	cebada (f)
bartender	['bɑːrˌtɛndə]	barman (m)
basil	['beɪzəl]	albahaca (f)
bay leaf	[beɪ liːf]	hoja (f) de laurel
beans	[biːnz]	habas (f pl)
beef	[biːf]	carne (f) de vaca
beer	[bɪə]	cerveza (f)
beet	[biːt]	remolacha (f)
bell pepper	[bɛl 'pɛpə]	pimiento (m) dulce
berries	['bɛriːz]	bayas (f pl)
berry	['bɛrɪ]	baya (f)
bilberry	['bɪlbərɪ]	arándano (m)
birch bolete	[bɜːtʃ bə'liːtə]	boleto (m) áspero
bitter	['bɪtə]	amargo (adj)
black coffee	[blæk 'kɔːfɪ]	café (m) solo
black pepper	[blæk 'pɛpə]	pimienta (f) negra
black tea	[blæk tiː]	té (m) negro
blackberry	['blækbərɪ]	zarzamoras (f pl)
blackcurrant	[blæk'kɜːrənt]	grosella (f) negra
boiled	['bɔɪld]	cocido en agua (adj)
bottle opener	[bɑːtl 'oʊpənə]	abrebotellas (m)
bread	[brɛd]	pan (m)
breakfast	['brɛkfəst]	desayuno (m)
bream	[briːm]	brema (f)
broccoli	['brɑːkəlɪ]	brócoli (m)
Brussels sprouts	['brʌsəlz 'spraʊts]	col (f) de Bruselas
buckwheat	['bʌkwiːt]	alforfón (m)
butter	['bʌtə]	mantequilla (f)
buttercream	['bʌtəˌkriːm]	crema (f) de mantequilla
cabbage	['kæbɪdʒ]	col (f)

cake	[keɪk]	mini tarta (f)
cake	[keɪk]	tarta (f)
calorie	['kælərɪ]	caloría (f)
can opener	[kæn 'oʊpənə]	abrelatas (m)
candy	['kændɪ]	caramelo (m)
canned food	[kænd fu:d]	conservas (f pl)
cappuccino	[kæpʊ'tʃi:noʊ]	capuchino (m)
caraway	['kærəweɪ]	comino (m)
carbohydrates	[kɑːboʊ'haɪdreɪts]	carbohidratos (m pl)
carbonated	['kɑːbəneɪtɪd]	gaseoso (adj)
carp	[kɑːp]	carpa (f)
carrot	['kærət]	zanahoria (f)
catfish	['kætfɪʃ]	siluro (m)
cauliflower	['kɔːlɪflaʊə]	coliflor (f)
caviar	['kævɪɑː]	caviar (m)
celery	['sɛlərɪ]	apio (m)
cep	[sɛp]	seta calabaza (f)
cereal crops	['sɪrɪəl krɑːps]	cereales (m pl)
champagne	[ʃæm'peɪn]	champaña (f)
chanterelle	[ʃɑːntə'rɛl]	rebozuelo (m)
check	[tʃɛk]	cuenta (f)
cheese	[tʃi:z]	queso (m)
chewing gum	['tʃu:ɪŋ gʌm]	chicle (m)
chicken	['tʃɪkɪn]	gallina (f)
chocolate	['tʃɑːklət]	chocolate (m)
chocolate	['tʃɑːklət]	de chocolate (adj)
cinnamon	['sɪnəmən]	canela (f)
clear soup	[klɪə su:p]	caldo (m)
cloves	['kloʊvz]	clavo (m)
cocktail	['kɑːkteɪl]	cóctel (m)
coconut	['koʊkənʌt]	nuez (f) de coco
cod	[kɑːd]	bacalao (m)
coffee	['kɔːfɪ]	café (m)
coffee with milk	['kɔːfɪ wɪð mɪlk]	café (m) con leche
cognac	['koʊnjæk]	coñac (m)
cold	['koʊld]	frío (adj)
condensed milk	[kən'dɛnst mɪlk]	leche (f) condensada
condiment	['kɑːndɪmənt]	condimento (m)
confectionery	[kən'fɛkʃənərɪ]	pasteles (m pl)
cookies	['kʊkɪz]	galletas (f pl)
coriander	[kɔːrɪ'ændə]	cilantro (m)
corkscrew	['kɔːkskru:]	sacacorchos (m)
corn	[kɔːn]	maíz (m)
corn	[kɔːn]	maíz (m)
cornflakes	['kɔːnfleɪks]	copos (m pl) de maíz
course, dish	[kɔːs], [dɪʃ]	plato (m)
cowberry	['kaʊbɛrɪ]	arándano (m) rojo
crab	[kræb]	cangrejo (m) de mar
cranberry	['krænbərɪ]	arándano (m) agrio
cream	[kri:m]	nata (f) líquida
crumb	[krʌm]	miga (f)
crustaceans	[krʌ'steɪʃənz]	crustáceos (m pl)

cucumber	['kju:kʌmbə]	pepino (m)
cuisine	[kwɪ'zi:n]	cocina (f)
cup	[kʌp]	taza (f)
dark beer	[dɑ:k bɪə]	cerveza (f) negra
date	[deɪt]	dátil (m)
death cap	[dɛθ kæp]	oronja (f) verde
dessert	[dɪ'zɜ:t]	postre (m)
diet	['daɪət]	dieta (f)
dill	[dɪl]	eneldo (m)
dinner	['dɪnə]	cena (f)
dried	[draɪd]	seco (adj)
drinking water	['drɪŋkɪŋ 'wɔ:tə]	agua (f) potable
duck	[dʌk]	pato (m)
ear	[ɪə]	espiga (f)
edible mushroom	['ɛdɪbl 'mʌʃrʊm]	seta (f) comestible
eel	[i:l]	anguila (f)
egg	[ɛg]	huevo (m)
egg white	[ɛg waɪt]	clara (f)
egg yolk	[ɛg 'joʊk]	yema (f)
eggplant	['ɛgplɑ:nt]	berenjena (f)
eggs	[ɛgz]	huevos (m pl)
Enjoy your meal!	[ɪn'dʒɔɪ jɔ: mi:l]	¡Que aproveche!
fats	[fæts]	grasas (f pl)
fig	[fɪg]	higo (m)
filling	['fɪlɪŋ]	relleno (m)
fish	[fɪʃ]	pescado (m)
flatfish	['flætfɪʃ]	lenguado (m)
flour	['flaʊə]	harina (f)
fly agaric	[flaɪ 'ægərɪk]	matamoscas (m)
food	[fu:d]	comida (f)
fork	[fɔ:k]	tenedor (m)
freshly squeezed juice	['frɛʃlɪ skwi:zd dʒu:s]	zumo (m) fresco
fried	[fraɪd]	frito (adj)
fried eggs	[fraɪd ɛgz]	huevos (m pl) fritos
frozen	['froʊzn]	congelado (adj)
fruit	[fru:t]	fruto (m)
fruits	[fru:ts]	frutos (m pl)
game	[geɪm]	caza (f) menor
gammon	['gæmən]	jamón (m) fresco
garlic	['gɑ:lɪk]	ajo (m)
gin	[dʒɪn]	ginebra (f)
ginger	['dʒɪndʒə]	jengibre (m)
glass	[glæs]	vaso (m)
glass	[glæs]	copa (f) de vino
goose	[gu:s]	ganso (m)
gooseberry	['gu:zbərɪ]	grosella (f) espinosa
grain	[greɪn]	grano (m)
grapefruit	['greɪpfru:t]	pomelo (m)
grapes	[greɪps]	uva (f)
green tea	[gri:n ti:]	té (m) verde
greens	[gri:nz]	verduras (f pl)
groats	[grəʊts]	cereales (m pl) integrales

ground meat	['graʊnd mi:t]	carne (f) picada
halibut	['hælɪbət]	fletán (m)
ham	[hæm]	jamón (m)
hamburger	['hæmbɜ:gə]	hamburguesa (f)
hazelnut	['heɪzəlnʌt]	avellana (f)
herring	['herɪŋ]	arenque (m)
honey	['hʌnɪ]	miel (f)
horseradish	['hɔːsˌrædɪʃ]	rábano (m) picante
hot	[hɑːt]	caliente (adj)
ice	[aɪs]	hielo (m)
ice-cream	[aɪs kri:m]	helado (m)
instant coffee	['ɪnstənt 'kɔ:fɪ]	café (m) soluble
jam	[dʒæm]	confitura (f)
jam	[dʒæm]	confitura (f)
juice	[dʒu:s]	zumo (m), jugo (m)
kidney beans	['kɪdnɪ bi:nz]	fréjol (m)
kiwi	['ki:wi:]	kiwi (m)
knife	[naɪf]	cuchillo (m)
lamb	[læm]	carne (f) de carnero
lemon	['lɛmən]	limón (m)
lemonade	[lɛmə'neɪd]	limonada (f)
lentil	['lɛntɪl]	lenteja (f)
lettuce	['lɛtɪs]	lechuga (f)
light beer	[laɪt bɪə]	cerveza (f) rubia
liqueur	[lɪ'kɜ:]	licor (m)
liquors	['lɪkəz]	bebidas (f pl) alcohólicas
liver	['lɪvə]	hígado (m)
lunch	[lʌntʃ]	almuerzo (m)
mackerel	['mækərəl]	caballa (f)
mandarin	['mændərɪn]	mandarina (f)
mango	['mæŋgoʊ]	mango (m)
margarine	['mɑːrdʒərən]	margarina (f)
marmalade	['mɑːməleɪd]	mermelada (f)
mashed potatoes	[mæʃt pə'teɪtoʊz]	puré (m) de patatas
mayonnaise	['meɪəneɪz]	mayonesa (f)
meat	[mi:t]	carne (f)
melon	['mɛlən]	melón (m)
menu	['mɛnju:]	carta (f), menú (m)
milk	[mɪlk]	leche (f)
milkshake	[mɪlk ʃeɪk]	batido (m)
millet	['mɪlɪt]	mijo (m)
mineral water	['mɪnərəl 'wɔ:tə]	agua (f) mineral
morel	[mə'rɛl]	colmenilla (f)
mushroom	['mʌʃrʊm]	seta (f)
mustard	['mʌstəd]	mostaza (f)
non-alcoholic	[nɑ:n ˌælkə'hɔ:lɪk]	sin alcohol
noodles	['nu:dlz]	tallarines (m pl)
oats	['oʊts]	avena (f)
olive oil	['ɑ:lɪv ɔɪl]	aceite (m) de oliva
olives	['ɑ:lɪvz]	olivas, aceitunas (f pl)
omelet	['ɑ:mlət]	tortilla (f) francesa
onion	['ʌnjən]	cebolla (f)

orange	['ɔ:rɪndʒ]	naranja (f)
orange juice	['ɔ:rɪndʒ dʒu:s]	zumo (m) de naranja
orange-cap boletus	['ɔ:rɪndʒ kæp bə'li:təs]	boleto (m) castaño
oyster	['ɔɪstə]	ostra (f)
pâté	['pæteɪ]	paté (m)
papaya	[pə'paɪə]	papaya (f)
paprika	['pæprɪkə]	paprika (f)
parsley	['pɑ:slɪ]	perejil (m)
pasta	['pæstə]	macarrones (m pl)
pea	[pi:]	guisante (m)
peach	[pi:ʧ]	melocotón (m)
peanut	['pi:nʌt]	cacahuete (m)
pear	[pɛə]	pera (f)
peel	[pi:l]	piel (f)
perch	[pɜ:ʧ]	perca (f)
pickled	['pɪkəld]	marinado (adj)
pie	[paɪ]	tarta (f)
piece	[pi:s]	pedazo (m)
pike	[paɪk]	lucio (m)
pike perch	[paɪk pɜ:ʧ]	lucioperca (f)
pineapple	['paɪn͵æpl]	piña (f)
pistachios	[pɪ'stɑ:ʃɪoʊs]	pistachos (m pl)
pizza	['pi:tsə]	pizza (f)
plate	[pleɪt]	plato (m)
plum	[plʌm]	ciruela (f)
poisonous mushroom	['pɔɪzənəs 'mʌʃrʊm]	seta (f) venenosa
pomegranate	['pɑ:mɪgrænɪt]	granada (f)
pork	[pɔ:k]	carne (f) de cerdo
porridge	['pɔ:rɪdʒ]	gachas (f pl)
portion	['pɔ:ʃn]	porción (f)
potato	[pə'teɪtoʊ]	patata (f)
proteins	['proʊti:nz]	proteínas (f pl)
pub, bar	[pʌb], [bɑ:]	bar (m)
pudding	['pʊdɪŋ]	pudin (m)
pumpkin	['pʌmpkɪn]	calabaza (f)
rabbit	['ræbɪt]	conejo (m)
radish	['rædɪʃ]	rábano (m)
raisin	['reɪzən]	pasas (f pl)
raspberry	['ræzbərɪ]	frambuesa (f)
recipe	['rɛsəpɪ]	receta (f)
red pepper	[rɛd 'pɛpə]	pimienta (f) roja
red wine	[rɛd waɪn]	vino (m) tinto
redcurrant	[rɛd'kɜ:rənt]	grosella (f) roja
refreshing drink	[rɪ'frɛʃɪŋ drɪŋk]	refresco (m)
rice	[raɪs]	arroz (m)
rum	[rʌm]	ron (m)
russula	['rʌsjʊlə]	rúsula (f)
rye	[raɪ]	centeno (m)
saffron	['sæfrən]	azafrán (m)
salad	['sæləd]	ensalada (f)
salmon	['sæmən]	salmón (m)
salt	[sɔ:lt]	sal (f)

salty	['sɔːltɪ]	salado (adj)
sandwich	['sænwɪtʃ]	bocadillo (m)
sardine	[sɑːˈdiːn]	sardina (f)
sauce	[sɔːs]	salsa (f)
saucer	['sɔːsə]	platillo (m)
sausage	['sɔːsɪdʒ]	salchichón (m)
seafood	['siːfuːd]	mariscos (m pl)
sesame	['sɛsəmɪ]	sésamo (m)
shark	[ʃɑːk]	tiburón (m)
shrimp	[ʃrɪmp]	camarón (m)
side dish	[saɪd dɪʃ]	guarnición (f)
slice	[slaɪs]	loncha (f)
smoked	['smoʊkt]	ahumado (adj)
soft drink	[sɔːft drɪŋk]	bebida (f) sin alcohol
soup	[suːp]	sopa (f)
soup spoon	[suːp spuːn]	cuchara (f) de sopa
sour cherry	['saʊə 'tʃɛrɪ]	guinda (f)
sour cream	['saʊə kriːm]	nata (f) agria
soy	['sɔɪ]	soya (f)
spaghetti	[spəˈgɛtɪ]	espagueti (m)
sparkling	['spɑːklɪŋ]	con gas
spice	[spaɪs]	especia (f)
spinach	['spɪnɪdʒ]	espinaca (f)
spiny lobster	['spaɪnɪ 'lɑːbstə]	langosta (f)
spoon	[spuːn]	cuchara (f)
squid	[skwɪd]	calamar (m)
steak	[steɪk]	bistec (m)
still	[stɪl]	sin gas
strawberry	['strɔːbərɪ]	fresa (f)
sturgeon	['stɜːdʒən]	esturión (m)
sugar	['ʃʊgə]	azúcar (m)
sunflower oil	['sʌnflaʊə ɔɪl]	aceite (m) de girasol
sweet	[swiːt]	azucarado, dulce (adj)
sweet cherry	[swiːt 'tʃɛrɪ]	cereza (f)
taste, flavor	[teɪst], ['fleɪvə]	sabor (m)
tasty	['teɪstɪ]	sabroso (adj)
tea	[tiː]	té (m)
teaspoon	['tiːspuːn]	cucharilla (f)
tip	[tɪp]	propina (f)
tomato	[təˈmeɪtoʊ]	tomate (m)
tomato juice	[təˈmeɪtoʊ dʒuːs]	jugo (m) de tomate
tongue	[tʌŋ]	lengua (f)
toothpick	['tuːθpɪk]	mondadientes (m)
trout	['traʊt]	trucha (f)
tuna	['tuːnə]	atún (m)
turkey	['tɜːkɪ]	pava (f)
turnip	['tɜːnɪp]	nabo (m)
veal	[viːl]	carne (f) de ternera
vegetable oil	['vɛdʒtəbl ɔɪl]	aceite (m) vegetal
vegetables	['vɛdʒtəblz]	legumbres (f pl)
vegetarian	[vɛdʒəˈtɛrɪən]	vegetariano (m)
vegetarian	[vɛdʒəˈtɛrɪən]	vegetariano (adj)

vermouth	[vɜ:'muːθ]	vermú (m)
vienna sausage	[vi'ɛnə 'sɔːsɪdʒ]	salchicha (f)
vinegar	['vɪnɪɡə]	vinagre (m)
vitamin	['vaɪtəmɪn]	vitamina (f)
vodka	['vɑːdkə]	vodka (m)
wafers	['weɪfəz]	gofre (m)
waiter	['weɪtə]	camarero (m)
waitress	['weɪtrəs]	camarera (f)
walnut	['wɔːlnʌt]	nuez (f)
water	['wɔːtə]	agua (f)
watermelon	['wɔːtəmɛlən]	sandía (f)
wheat	[wiːt]	trigo (m)
whiskey	['wɪskɪ]	whisky (m)
white wine	[waɪt waɪn]	vino (m) blanco
wild strawberry	['waɪld 'strɔːbərɪ]	fresa (f) silvestre
wine	[waɪn]	vino (m)
wine list	['waɪn lɪst]	carta (f) de vinos
with ice	[wɪð aɪs]	con hielo
yogurt	['jəʊɡət]	yogur (m)
zucchini	[zuː'kiːnɪ]	calabacín (m)